「もしトラ」で蠢く
世界の黒幕

ウマヅラビデオ+コヤッキースタジオ+
世界ミステリーch ほか

宝島SUGOI文庫

宝島社

はじめに

いま世界は、新型コロナウイルスのパンデミック、ロシアのウクライナ侵攻に続いて、3度目となる〝ディープ・インパクト（衝撃）〟を迎えている。

それが「ＡＩ（人工知能）」だ。２０２３年3月23日、ＡＩ生成ソフト「チャットＧＰＴ」の最新有料版がリリース。わずか2カ月でユーザー数が億を突破するほど普及した。チャットＧＰＴは、ユーザーをソフト開発のできるプログラマーにし、イラストレーターや漫画家、映像や小説などの作家（クリエーター）にもしてしまう。それほど有能なＡＩが、ついに登場したのだ。

チャットＧＰＴを中心としたＡＩソフトの普及で社会や産業構造が激変するのは間違いない。問題なのは、この「有能すぎるＡＩ」が、人間から思考力を奪い、ＡＩが設定したプログラムどおりに動く「生きたロボット」にしかねない点にある。ＡＩが有能であるほど、便利であるほど、人々はＡＩに依存していき、気がつけばＡＩの命令に忠実に従うようになっていく。

もし、このＡＩに意図的に命令を下す「存在」がいたとすればどうなるか。世界規模の「独裁者」となり得るのではないか。それを目的で「有能すぎるＡＩ」をばら撒いたとすれば、これこそディープ・ステートの「最終陰謀」ではないだろうか。

日本では、ＡＩの危険性を指摘する声がまったく聞こえてこない。それが「最終陰謀」の疑惑を高めている。そもそも日本人は、ＡＩのような「未知の技術」に対する不信感が強いはず。インターネットが登場した時もＩＴ技術に不信感を持つ人は少なくなかった。ＧＭ（遺伝子組み換え）の食品もそうだ。スマホや電子マネーにせよ「わけがわからない」とガラケーにこだわり、現金（キャッシュ）にこだわってきたのが日本人のあり方だろう。

それがＡＩに関しては、まったく警戒していないのは、なぜなのか。答えははっきりしている。何者かに飼い慣らされたからである。コロナ禍でテレワーク化と他者との接触禁止によって「ＩＴ技術」を受け入れ、ウクライナ侵攻では、どんなに税金や物価高になろうと「仕方ない」と諦め、安倍元首相の暗殺は「どんな事件があっても不思議はない。粛々と受け入れよう」となった。ＡＩの登場に何の疑問を持たなくなるまで、すでに飼い慣らされているのだ。

それが、どんな結果を日本社会と日本人にもたらすのか。日本での「ＡＩ実験」が、世界にどんな影響を与えるのか。その陰謀を行っている「黒幕」は誰なのか。

本書は、ディープ・ステートの目論む「最終陰謀」と「最新陰謀」を中心に、人物、組織を細かく項目ごとに分け、コンパクトにまとめている。「ＡＩ時代」が本格的に到来する前に、ディープ・ステートに関する総集編的かつ事典的な役割を持つ書籍が必要と考えた。何より「ＡＩに都合の悪い情報が詰まった本は、ＡＩには作れない」という意図を込めた。

本書が、陰謀にまみれた「ＡＩ時代」に備える一助になれば幸いである。

国際情勢ファクト研究所

「もしトラ」で蠢く世界の黒幕　目次

第二章　家畜国家「日本」の現実

第三章　世界の「支配者」たちの最終真実

第四章 世界を支配する「組織」の正体

第五章　世紀の「大陰謀」の衝撃真実

[装　丁] 妹尾善史(landfish)
[本文デザイン&DTP] 武中祐紀
[編　集] 片山恵悟(スノーセブン)

序章

「もしトラ」の背後で蠢く世界の黒幕たち トランプ敗北を狙った世界を巻き込む大陰謀

ディープ・ステートが目論む「イラン・イラク戦争」と「プーチンの核攻撃」

「トランプvs世界の黒幕」という構図

「もしトラ（もしもトランプが大統領に再選したら）」が、世界規模のパワーワードとなった結果、俄然、2024年アメリカ大統領選挙に注目が集まるようになった。

事実、選挙戦が進むなか、「もし＝仮定」ではなく、「ほぼトラ」「確トラ」といったトランプ勝利を報じる分析も増え、予想を超えた「トランプ人気」「トランプ支持」に多くの日本人が「何が起こっているのか」と関心を強めることとなった。

なぜ、これほどまでに米大統領選におけるドナルド・トランプ人気は高いのか。

それは、「トランプvs世界の黒幕」という構図になっているからなのだ。ここでいう世界の黒幕とは、トランプが2016年米大統領選の勝利後から大統領に就任して以降、幾度となく世界に向けて発信した「クリミナル・ディープ・ステート（犯罪的な闇の政府）は存在する」に由来する。超大国アメリカの政財界の背後に巣くう「世界の黒幕＝ディープ・ステート」の存在については後述するとして、現在、トランプと大統領の座を争っているのは、民主党代表のカマラ・ハリスではなくディープ・ステートとなっているのだ。

大げさな、と思う人もいるだろう。しかし２０２４年のアメリカ大統領選は、従来の常識がまったく通じない異常な戦いとなっているのも事実なのだ。

それを如実に証明するのが7月に起こった「政治的ビックイベント」だ。

まずは7月13日、「ドナルド・トランプ暗殺未遂事件」が起こる。ペンシルベニア州で選挙イベントに出席していたトランプを過激な思想犯が銃撃。トランプは奇跡的に右耳だけの負傷で済み、銃撃犯はシークレットサービスによって射殺されるが、この大事件の一部始終が生々しい映像としてSNSを通じて一気に拡散した。

アメリカ人は何よりも「卑劣な手段」を嫌い、同時に卑劣な手段に屈せず、毅然と立ち向かう権力者を熱狂的に支持する。この暗殺未遂で見せたトランプの態度は〝１００点満点〟といってよく、当然、全米でトランプフィーバーが巻き起こり、この暗殺未遂事件で「確トラ（トランプ勝利で確定）」となっても不思議はなかった。

もう一つのビックイベントは、7月21日、民主党代表で二期目を狙うジョー・バイデン大統領が「高齢による衰え」を理由に出馬を断念。副大統領のカマラ・ハリスを「大絶賛」の言葉とともに後継者に指名した。これも政治フィーバーが起こる案件だったといっていい。

ハリスはインド系の黒人（有色人種）かつ女性で50代前半。先の例ではないが、アメリカ人は「偉大な先達の意思を受け継ぎ、例え無謀といわれようが果敢に挑む」というチャレンジ精神を高く評価する。その点でハリスの交代劇は、実にアメリカ人の心をくすぐるものだったはずなのだ。

「風が吹く」ことはない米大統領選

ところが、この二大イベントに対する米有権者の反応は、〝無風〟というぐらい動きはなかった。これまでの常識的な大統領選ならば、この二つのビッグイベントにより両候補者の支持率は10%単位で乱高下しながら、何かあるたびに支持率が変動し、11月の投票まで余談の許さない情勢になったはず。それが本来のあり方だろう。

繰り返すが二大イベントで両陣営の基礎支持率は「ピクリ」とも動かなかった。

日本のメディアは、ハリスが候補となったことで「支持率が回復、トランプを超える調査結果もある」と騒いでいるが、冷静に分析すればバイデンが出馬見送りを決断することとなった6月の討論会で落ち込んだ（5%から10%の下落）民主党支持率が〝戻った〟にすぎない。

なぜなのか？　それは〝核保有国独特の動き〟と分析されている。核保有国の国家元首の選挙では、候補の政策や能力とは別に「核のスイッチをゆだねられるか」という基準がある。討論会におけるバイデンの醜態は、「核のスイッチは任せられない」と一気に下落したわけだ。

余談となるが、あれほどフランスの有権者に嫌われていたエマニュエル・マクロンが極右政党のルペンを破って再選したのも、核保有国独特の動きだった。イスラエルでも、一時は野党連合によって政権の座を奪われたベンヤミン・ネタニヤフが即座に首相に返り咲いたのも同様の理由となる。イスラエルの野党連合は極右の弱小政党の党首を担ぎ上げた結果、そんな危険人物に核のスイッチなどゆだねられないと、わずか3カ月が野党連合は瓦解している。

ともあれ現在の米大統領選は、日本の政治用語である「風が吹く」ことはなく、トランプ支持は全米有権者のうち、51％から52％で〝確定〟、同様に反トランプかつ民主党支持層は49％から48％で〝固定〟している。ゆえに突発的なビッグイベントが起きようが、トランプやハリスに関するど派手なネガティブ攻撃で相手を責め続けようが、支持率は変動せず、このまま11月の最終投票へと流れ込むことが予想されるのだ。

２０２４年8月現在、勝敗を左右する激戦区を「トランプがやや優勢」な以上、このまま何事もなければ、高い確率でトランプが再選することとなろう。

ディープ・ステートに協力する民主党を〝敵認定〟したトランプ

今回の米大大統領選ではっきりしたのは、すでにアメリカという国家は二つのアメリカ人で「分断」されているという点でだろう。

一方を仮に「オールド・アメリカン」と呼ぶならば、私たちが思い浮かべる典型的なアメリカ白人となる。わかりやすくいえば、ドナルド・トランプそのものだ。

一方で１９９０年以降、とくに２０００年代から台頭したのが「ニュー・アメリカン」となる。有色人種が高級なシャツを着て、ニューヨークなどのビジネスシーンで活躍し、食事も分厚いステーキではなく、ベジタリアン食。車はガソリンをバカ食いする〝アメ車〟ではなく、スマートなトヨタのハイブリッド車やテスラのＥＶ車に乗る。また従来のアメリカ白人と違って国際情勢にも関心が高く、地球の持続可能な発展のために、超大国であるアメリカは世界を主導する「責務」として積極的に協力する。

まったく指向性と意識が違う「二つのアメリカ人」がアメリカを分断した。そして追い詰められたオールド・アメリカンの受け皿になったのが、いうまでもなくトランプだった。トランプの主張や政策を見れば、このオールド・アメリカンたちの擁護で一貫している。トランプ政策の代名詞「メイク・アメリカ・グレート・アゲイン（MAGA）」のグレート・アゲインとはオールド・アメリカンの復権を意味している。

もともとアメリカは1990年まで、このオールド・アメリカン的な価値観が主流だった。むしろ、この30年のニュー・アメリカンの台頭があまりにも急速だったのだ。

結果、分断したアメリカはトランプが勝利した2016年の米大統領選以降、ほぼトランプ支持派（オールド・アメリカン）が51％前後、ニュー・アメリカンを土台とする民主党支持率が49％とややオールド派優勢で拮抗していた。米大統領選でヒラリー・クリントンを破ったのも決してフロック（偶然）ではなかったのだ。

2017年から発足したトランプ政権だが、政治実績も政治基盤もない〝シロート大統領〟のために、アメリカはおろか、世界規模で混乱を招いた。米大統領は〝世界一の権力者〟だ。そこに素人を据える危険性は、世界中の人が感じたことだろう。

一方で不安定な政権運営の打開策としてトランプは、「悪いのはディープ・ステート＝世界の黒幕」であり、そのディープ・ステートに協力し、甘い汁をすすっているのが民主党幹部と有力な支持者たちだと〝敵認定〟することで政権の安定化を図った。これが予想以上に世界に波紋をもたらすことになる。

〝ステルス(不可視)化〟したディープ・ステート

ディープ・ステートの存在は、21世紀以降、陰謀論の世界ではすでに有名となっていた。しかし陰謀論で扱う情報群は、基本的に「異星人やＵＦＯ」「ネス湖のネッシー（ＵＭＡ）」「幽霊や怪談」と同列となる。興味本位の暇ネタであって、まともなメディアが扱う情報ではない。

ところが、世界一の権力者であるトランプ米大統領が〝公認〟したことで、陰謀論でくすぶっていた「世界の黒幕＝ディープ・ステート」の情報が世界規模で一気に拡散、その信憑性が精査がされていった。

結果、詳しくは本書1章以降を記事を参照にしてもらいたいが、デイヴィッド・ロックフェラー、ジェイコブ・ロスチャイルド、ジョージ・ソロス、クラウス・シュワブ、エリザベス前英女王といった存在のみならず、これら黒幕を繋げる組織としてビルダーバーグ会議やＷＥＦ（世界経済フォーラム）、ＣＦＲ（アメリカ外交問題評議会）といった、まさに「闇の政府」的な存在が、ネットを中心に取り沙汰《ざた》され、そこで活動する黒幕たちの発言などが検証されるようになった。

少なくともトランプ支持派は、ディープ・ステートは存在すると信じ、「ギルティ（有罪）」

とした。ディープ・ステートの謀略によって、突如、アメリカ人の半数が、自分たちと価値観のまったく違う「ニュー・アメリカン」になったのだと判断したのである。

こうして、過半数をやや超える51％のトランプ支持派と、反トランプの民主党支持派（彼ら自身は陰謀論を信じない良識層という立場）が49％という状況が発生する。

数字的に見ればトランプが再選を目指した2020年の米大統領選はトランプが勝利する可能性が高かった。しかし、ここでトランプ支持派に〝敵認定〟された世界の黒幕が動いた。

トランプ政権によって、世界規模で「黒幕」として扱われた結果、彼らは、必然的に闇へと潜っていく。それまでは陰謀論程度の扱いだったために黒幕たちも表に出てきていたが、陰謀論として扱われなくなった以上、表に出る理由はない。先に名前を挙げたデイヴィッド・ロックフェラーやジェイコブ・ロスチャイルドといった黒幕たちはかなりの高齢者だったため、「死亡報告」「引退」という形で消え去った。しかし、その後、誰が権力を引き継いだのか、いっさいわからなくなった。世界の黒幕＝ディープ・ステートは〝ステルス（不可視）化〟したのだ。

このステルス化した世界の黒幕は、トランプ再選を阻むために、世界を巻き込むある陰謀を企てる。2020年、米大統領選に合わせるかのように起こった新型コロナウイルスの世界規模のパンデミックである。数少ない〝表〟に出たままだった黒幕のマイクロソフト創業者のビル・ゲイツが、この陰謀の仕掛け人として糾弾されるが、だからといってシロート大統領であるトランプに、この世界規模の大混乱を乗り切れるのか、と疑問を抱く有権者は少なくなかった。そして、これにより最小2％最大4％のギャップ（支持率）はひっくり返り、結果、トランプは敗れ、バイデン政権が誕生する。

第二次イラン・イラク戦争を仕掛けるディープ・ステート

2024年の米大統領選もまた、本当の戦いはアメリカではなく、ディープ・ステート＝黒幕が世界各地に仕掛ける大陰謀を防げるかどうか、そこにあることが理解できる。

要するに選挙戦終盤となる9月から10月下旬にかけ、トランプでは対処できないと思わせるほどの国際的大事件をディープ・ステートが発生させることができれば、カマラ・ハリスの勝利となり、それを防げればトランプ勝利という構図となっているのだ。

では、世界の黒幕が仕掛ける陰謀は何か。一つが、イランの大規模軍事アクションである。

2024年7月31日、イスラエルの特殊部隊がイラン国内で武装勢力ハマスの指導者を暗殺。これに対してイラン最高指導者が「報復する」と発言し、イスラエルに対するイランの軍事行動が現実味を帯び、そういった報道を一気に増えた。

しかし、中東情勢に詳しいアナリストたちの多くは〝ポーズ〟とみなしている。もともとハマスはサウジアラビアがスポンサーだった組織だった。そのサウジが2023年、BRICSに加盟したことに伴い、イスラエルに接近し、軍事協力を含めた国交正常化に動いた。そのため、ハマスはイランに接近したという背景がある。

また国民の大半がイラン系で親イラン国家のアゼルバイジャンは、イスラエルが軍事支援していることで知られる。ロシア・ウクライナ戦争（2022年〜）でロシア軍に多数の戦果をもたらしたイラン製ドローンは、アゼルバイジャンを通じてイランにイスラエルの技術提供があったといわれ、両国が裏で手を握っている可能性は高いという。

ハマス指導者の暗殺に関するイランのイスラエルに対する厳しい発言の背景には、「自国内で他国の特殊部隊がイランの許可もなく暗殺をしでかした以上、独立国家として当然の発言」であり、報復処置も同様な行為（暗殺）で済ますのでは、というのが軍事関係者の見立てとなっている。

問題は、イランの支援を受けながら、そのイランからやっかい者扱いをされ、組織存続が危ぶまれているハマスが、イラクでテロ行為をした場合だといわれている。

イラクはイラン同様、国民の大半がシーア派ながら、その政権はフセイン時代からアメリカの占領以降もスンニ派が握っている。ここでハマスが〝何者か〟の命令でシーア派武装組織になりすましてイラク政府をテロ攻撃し、イラク政府がやはり〝何者か〟に命じられて、テロ対策を名目にシーア派住民を弾圧した場合、イランとしては「シーア派住民の保護」を名目にイラクに対して軍事アクションを起こさざるを得なくなる。となれば第二次イラン・イラク戦争の勃発となる。

このように、現在の追い詰められた状況にあるハマスを使えば、第二次イラン・イラク戦争を起こすことはそう難しくない。当然、世界が受ける衝撃は、ロシア・ウクライナ戦争に匹敵する。これが〝何者か＝ディープ・ステート〟の米大統領選に向けた大陰謀の一つなのだ。

プーチンによるウクライナ軍への核攻撃

さらに懸念されているのが、ロシアのウラジーミル・プーチン大統領の「核攻撃」である。

2022年2月の開戦から2年半、ここにきてロシア・ウクライナ戦争の報道で米製戦闘機F－16のウクライナ軍への配備が大きな話題となっている。報道の多くは、F－16がウクライナ軍の劣勢を巻き返す〝ゲームチェンジャー〟になるといったものだが、軍事関係者は、このF－16は「ロシアの核攻撃を誘発しかねない」と強い懸念を抱いている。

しかし、米軍においては旧型機にすぎないF－16の何がすごいのか。簡単にいえば、F－16は〝実質的〟無人爆撃機にできるのだ。F－16ならば宇宙に展開する米製軍事衛星を使った〝自動パイロット〟でロシアの防空網を避けてロシア領内への侵入が可能。あとは軍事衛星のデータを元に〝自動ターゲット〟で米製ミサイルをロシアの重要施設に誘導できる。このF－16の導入でモスクワやサンクトペテルブルクといった重要拠点への攻撃が可能となり、これが繰り返されれば、間違いなくプーチンのロシア国内の求心力はガタ落ちする。

となればプーチンに残された手段は「かつてない攻勢」となり、結果、「自国領内に侵入した敵武装勢力を排除する」という名目で、併合した東部4州のウクライナ軍に対して核攻撃をする可能性は、きわめて高くなる。

この〝実質的〟無人爆撃機F－16に搭乗するのは、最低限の離発着の訓練を受けたウクライナ軍のパイロットとなる。ロシア領内侵入後に脅威となるロシア軍のインターセプター（迎撃機）や対空ミサイルの対処などはまったくできない。撃墜されるまで搭乗させせられる〝生きた部品〟として扱われる。それだけにNATOのまっとうな軍事関係者は人道的な観点から配備に反対しているというが、9月以降、F-16が戦場に登場した場合、それはプーチンによる核攻撃の誘発を狙っていると断言できる。もちろんこれも、米大統領選に向けた大陰謀だ。

米大統領選の結果は新旧黒幕の勝敗の〝答え〟

まさかそこまでするのか、と思う読者もいるだろう。しかし、バイデン政権下の4年で、戦争（紛争）のハードルは格段に下がったのも事実なのだ。AIを組み込んだ格安ドローンが登場したためである。ロシア・ウクライナ戦争以前のドローンは、はっきりいって「おもちゃ」の域を出ていなかった。軍事用に使用するならば、的確な判断と操作のできる精鋭部隊の運用が不可欠だった。

ところがロシア・ウクライナ戦争によって、ドローンの実戦データが豊富に集まり、それをAIの自動学習で高度な戦術プログラムを簡単に組めるようになった。素人でもプロ（精鋭部隊）並みに戦果を出せるようになったのだ。

実際、最新のドローンでは、戦車の最も装甲の薄い出入り口に激突し、開けた穴から焼夷剤で搭乗員だけを焼き殺すといったものから、敵の防空網の配置を理解して囮となるドローンが防空網に穴が開くよう計算して散開し、その隙を突いて別のドローンが目標を撃破するといった高度な戦術がAIによって可能となっている。

ここで重要なのは、この素人でも使える高性能かつ安価なドローンは、領土問題を抱えた国境地帯を即座に紛争地帯に変えることができるという点なのだ。軍隊同士の衝突でなく、死傷者の出にくい無人機同士の小競り合いならばと、軽い気持ちで始めるうちに、本格的な軍事衝突へと発展していく流れを作るのは難しくないためだ。

２０２４年11月の米大統領選でのハリス勝利に向け、ディープ・ステートはこうした大陰謀を企てている。その一方で、それを阻止しようとする新たなる勢力ともいえる世界の黒幕たちも存在する。

その表看板はイーロン・マスクであり、裏で支援するのが米軍良識派の勢力となる。トランプを支援し、第二次トランプ政権を作る目的は、２０１６年の米大統領選でディープ・ステートの存在をトランプに公表させたように、今回はステルス化したディープ・ステート勢力の存在を世界に向けて暴き出すこととなる。ステルス化した現在の黒幕たちが維持する地位や権力を奪取するのが目的であり、厳密にいえば親トランプ派ではないが、強固な協力関係にあることは確かだ。

いずれにせよ、支持率の大きな変動という点では無風となっている今回の米大統領選も、〝水面下〟では、世界の黒幕の地位をめぐる新旧勢力の壮絶な陰謀が繰り広げられているのだ。

どちらの黒幕が勝つのか？　米大統領選の結果は、その〝答え〟でしかないのである。

都市伝説・考察系ユーチューバー「ウマヅラビデオ」が語る最終真実

「チャットGPT」で人間が〝生きたロボット〟になる日

「人類家畜奴隷化計画」の実験場に選ばれた日本

「家畜化計画2・0」の主役がチャットGPT

いま、日本はディープ・ステートによる壮大な〝社会実験〟のただなかにある。「より効率的に、より狡猾《こうかつ》に」搾取する、これまで以上に人間を家畜奴隷にするシステムのテストベッド（試験用環境）に日本を選んだためである。

なぜ、日本なのか。2020年から始まった「グレート・リセット」と呼ばれるディープ・ステートの「人類家畜奴隷化計画」において、彼らの予想以上に日本と日本人が適合したこと、世界第3位の経済大国であること、一度、決まったことには「右に倣《なら》え」で追従する国民性など、いろんな面で都合がよかったからだと推察できる。

このバージョンアップした「家畜化計画2・0」の主役が「チャットGPT」となる。

これまでディープ・ステートによる搾取システムの主役ツールは、ユーチューブチャンネルや私たちの書籍で何度も指摘してきたグーグルのＡＩ（人工知能）だった。検索システムを応用してネット情報をクローラーＡＩが把握し、グーグルの決めた基準によって検索を〝操作〟していく。グーグルは、私たちのようなユーチューバーやサイト管理人にアクセス数などに応じて広告収益を分配している。そのためグーグルの基準にそぐわない情報を提供すると収入がガクンと落ちる。人気サイトや人気チャンネルほど、この傾向が強まるために、日常の情報をスマホに依存している人は、気がつけば「グーグル基準」で物事を判断するようになる。いつの間にか思考を支配されてしまうわけだ。

多くの日本人が、あれほど副反応や死亡事故がありながら反ワクチン運動を否定し、２０２２年２月のロシアによるウクライナ侵攻についても一方的にロシアが悪いと批判し、ロシアが軍事侵攻に踏み切った背景をまったく知ろうとしなくなった。こうして情報が意図的に管理・統制された状況のなか、より完全な家畜化への「次なる一手」として送り込まれたのが、チャットＧＰＴなのだ。

イーロン・マスクが示したチャットGPTの危険性

まずチャットＧＰＴについて簡単に説明したい。イーロン・マスクも創業メンバーだった最先端ＡＩベンチャーの「ＯｐｅｎＡＩ」が開発した実用的なＡＩアプリのことで、ＧＰＴは「Generative Pre-trained Transformer」の略で、要求した内容を事前学習によって自動的に作成する翻訳システム（ソフト）となる。２０２２年11月30日、プロトタイプが「相当に使える」と大きな評判を呼び、２０２３年3月23日にサービス開始となった最新の有料版は、わずか2カ月でアクティブユーザーが1億人を突破。〝最速で億超えしたアプリ〟となった。

　チャットＧＰＴは、ユーザーが要求した内容、例えば「●●が知りたい」と入力すれば人工知能がネット上で検索したうえで「わかりやすくまとめて」文章にしてくれる。しかも大学のレポートどころか、博士号論文のレベルでもＡＩが作ったのか、人間が書いたのか、教授ですら見分けがつかないほどレベルが高くなっている。

　それだけでなく音楽や画像、映像でも「プロレベル」となりつつある。ネット上には、画像や音声など多くのサンプル情報と作成ソフトが存在している。こんな音楽が聴きたい、こんなイラストが見たい、と入力すれば、作成ソフトをダウンロードして適合するサンプル情報から「音楽」や「イラストや漫画」をプロレベルで作成する。通信環境とハイスペックなＰＣという条件はつくが、近いうちに映画やドラマも作れるだろうといわれている。

　こうして紹介すれば、単純に「すごい」し、使う人が増えるのも当然と思える。そう、チャットＧＰＴの問題は「あまりにもすごすぎる」点なのだ。

　イーロン・マスクは、チャットＧＰＴの機能について「すごすぎて人類社会が崩壊しかねない。これでビジネスをすべきではない」と、経営方針をめぐってＯｐｅｎＡＩの経営陣と対立。２０１８年には実質、経営から外された。社会の変革を強く求めてきたイノベーターであるイーロン・マスクですら「ヤバすぎる」と危機感を抱いているのだ。では、何が「ヤバい」のか。

チャットGPTが自動で作成するのは、何も文章や画像、音楽だけではない。実は、ユーザーの思考や価値観をAIが勝手に〝プログラム〟してしまうのだ。つまり、人の脳内情報を作り変えてしまうのが、このチャットGPTの本質といっていい。

チャットGPTの最も手軽な使い方は「検索」だろう。俗に「ググれカス」というネット用語があったように、何か知りたい時はスマホやPCの検索エンジン（グーグル）で、あれこれとサイト情報にアクセスしながら調べるのが基本だ。その際、必要のない情報にもたくさん触れるので「いろんな意見や違う考え方の人もいる」ことも自然と理解するし、SNSで多くの他者とやり取りをすれば、こちらも違う意見の落としどころや折り合いのつけ方、他者に説明する時の文章の書き方といった対人スキルも自然と学んでいく。

ネットは「集合知」という形で人間の知性や感性を高めてきた。ネット世代はアナログ世代以上に、情報量や情報処理能力に長《た》けている。ネット時代となり人間の能力は向上していたのだ。これがディープ・ステートに都合が悪かったのだろう。この向上した能力を奪うために開発したツールがチャットGPTではないのか、と考えられている。

ネット世代の次にこれから生まれてくる「AI世代」は、他者との距離感や共感性が欠落することが予想される。ググることもSNSも必要なくなるためだ。

そんなことしなくても「何か楽しい、暇つぶしになるものない？」とAIに声（音声入力）をかければ、ユーザーの好みと行動を完全に把握しているAIが、状況に合わせてユーザーが面白いと思う文章（記事）を作成。ユーザーの好みな声とBGMで読み上げてくれることだろう。「何か見たい」と言えば、同様に音楽や映像を作り、やはりユーザーの好みのキャラクターや俳優を作って、ユーザーの好むストーリーで見せてくれるのだ。

誰かと「話がしたい」と言えば、これもAIがユーザーと相性抜群の相手を作り上げてくれるのだから、これほど〝楽しい会話〟はあるまい。こんな時代が、すでに到来しているのだ。

利用者は確実に〝バカ〟になる

現在のチャットGPTは、ここまで述べたほど万能ではない。しかし、それは単に時間が少し足りないにすぎない。

その証拠にチャットGPTの規約には、すべてのユーザーの情報は、自動的にOpenAIの中央サーバーに集約し、ソフト開発に活用すると明記してある。どんな自動作成を求めているか、それがユーザーにどんな満足度を与えたか、どのポイントの何がよかったのか……。現時点で1億人以上のユーザーの利用情報が中央サーバーに集まり、そのサーバー内で、やはりマザーAIが深層学習（ディープラーニング）を続けている。こうしてAIは日々、賢くなり、使いやすくなり、それがユーザーのAIへとフィードバックされている。AIの能力は指数関数的にレベルアップしていく以上、先ほどのような事例は、夢物語ではなくなっている。

ここまで万能となれば、利用者は確実に〝バカ〟になる。いや、バカのままでも生きていける。知性や好奇心も何も必要なくなる。ＡＩが与えてくれる心地よい〝幻想〟のなかでたゆたっていればいいのだから。

チャットＧＰＴの危険性は、この「利用者に幻想を見せる」という点にある。ネット空間を仮想（バーチャル）と呼ぶが、その仮想空間のなかの情報をサンプリングしたＡＩが、ネットの仮想情報を利用者の好みに合わせて修正や加工で〝上書き〟をしている。元となるネット上にも存在しない情報群だから〝幻想〟と呼ばれるのだ。

ネットではよく「ソース（情報源）」を確認するやり取りがされる。第三者が発信源を確認することで信用度を測る行為だ。しかし、ＡＩ世代となれば、「ソースは？」のやり取りに意味はなくなる。使用者は、ＡＩがどの情報を元ネタにしているか「知る」ことはない。しかもＡＩがどう改変し、どう修正したのかも把握できない。第三者がソースを確認できなくなっている点でいえば、チャットＧＰＴの情報は、すべて〝デマ〟なのだ。

人は信じたいことを信じるというが、〝信じたいデマ情報〟を利用者個人向けにプロ並みのテクニックを駆使してカスタマイズするのがチャットＧＰＴの機能だとわかる。

ここまで述べてきたように、チャットＧＰＴは多くの〝危険性〟をはらんでいる。現時点では、その機能から著作権法の侵害や、クレジットカードやマイナンバーといった重要なプライバシー情報の流出が考えられる。ビジネス面では、博士号論文レベルで情報をまとめる有用性から、最新技術を開発する研究員やエンジニアが安易にチャットＧＰＴを使用すれば、機密情報がOpenAIに流出し、"スパイソフト"になりかねないと指摘されている。利用を制限するIT企業や大企業も出てきており、すでに多くの犯罪にも利用されているともいわれる。

だが、これらの批判は的外れとまではいわないが、本質ではないと思う。

最大の問題点は人間が、AIから脳内へ〝入力＝インプット〟されたAI情報どおりに思考して行動する「生きたロボット」になってしまうことだ。先に説明したように、チャットGPTは非常に便利で、いったん使い始めれば抜け出せなくなる。確実にAI依存症になっていくのだ。そうなれば利用者は自律した行動をしなくなり、AIによって脳をプログラムされ、AIの命令どおりに動く。国民の大半がそんな「生きたロボット」になった時、その国は自由で平等な「民主国家」といえるのだろうか。

このような危険性があるにもかかわらず、2023年4月10日、OpenAIのサム・アルトマンCEOが訪日。首相官邸で岸田文雄首相と面会後、日本は首相主導でチャットGPTの全面導入に踏み切った。ディープ・ステートの陰謀に首相自らが賛同したとしか思えないのだ。

これから日本は、どうなるのか？　選挙のたびに「誰に投票すればいい？」とチャットGPTに伺い、「この候補者がお薦めです」と言われれば、利用者が納得するように仕組まれたデマ情報をあっさり信じることになるだろう。

騒動になった「コオロギ食」もそうだ。AI世代となれば、「コオロギを積極的に食べましょう」とＡＩにお薦めされれば、「そうなのかあ」と簡単にＡＩに導かれ、何の疑問も持たず従うことになるだろう。「肉食は動物虐待であり悪魔の行為です」「牛やブタ、ニワトリなどの畜産は二酸化炭素を大量に排出する地球環境を破壊する行為です」と諭され、「食べていい動物は昆虫だけ、あとは大豆から作ったソイレント（人工肉）となります」とＡＩに簡単に洗脳される人が、チャットＧＰＴの普及にリンクするように拡大していくだろう。

ちなみにコロナ禍に続くディープ・ステートの陰謀「グレート・リセット」の次のターゲットはグリーンテックとフードテックといわれている。人々が日々、口にする「食」をディープ・ステートの息のかかったグリーンテック企業がすべて管理するのが次の目標となっている。チャットＧＰＴで人間を「家畜＝ＡＩに従う生きたロボット」にしたあと、その飼料＝餌の準備をグリーンテック企業が進めている。これも日本で先行試験をやっているのだろう。

人間が人間でなくなる日まで、あと2年

最後に、このチャットＧＰＴによる「日本人家畜化陰謀計画」が本格稼働するのは、２０２５年の大阪万博からだと私たちはみている。大阪万博はＡＲ（拡張現実）を駆使したバーチャル万博となる。会場では全身のデータをスキャンするシステムが導入される。例えば専用のモニターグラス（眼鏡）やスマホのカメラ機能を使えば「有名人と一緒に会場内を歩いている」といった映像を楽しめることが売りになっている。

この全身データを把握するスキャンデータは、近いうち売り買いされるはずだ。ＡＩの普及で従来の仕事がなくなり、スキャンした自分の「データの使用権」を企業に販売して収入を得る人が増えていくだろう。使用権を得た企業や団体はライブ放送だろうが、ニュース番組だろうが、リアルな国民を元にしたスキャンデータのＡＩが自由に使えるようになる。そしてデータの販売だけでなく、ＡＩの指示に従って行動し、電子マネーをチャージするといった「個人の言動」を売り渡すようになった時、人は「人」ではなくなり、家畜へと成り下がるだろう。

大阪万博の開催は２０２５年。人間が人間でなくなる日まで、残された時間は2年……なのかもしれない。

ウマヅラビデオ（うまづらびでお）

2011年にウマヅラがユーチューバーとして活動開始。2016年にべーこん、2017年に否メンディーが加入し、3人組体制に。2018年から陰謀論や都市伝説の考察を始め、チャンネル登録者数が急増。2024年8月時点での登録者数は約138万人。著書に『シン・人類史』『アナザー・ジャパン』（ともにサンマーク出版）、ベンジャミン・フルフォードとの共著として『世界を操る 闇の支配者2.0 米露中の覇権バトルと黒幕の正体』（宝島社）がある。

第一章

「シン・黒幕」たちの最終真実

「ディープ・ステート」の最新世界支配計画

「AI」と「食」の支配で全人類を一元管理

「世界の統合」を目指す究極のファシスト集団

「ディープ・ステート（闇の政府）」という用語は2016年の米大統領選に勝利したドナルド・トランプが定着させたといっていい。

選挙戦終盤、謎のハッカー集団「Qアノン」が「民主党やその支持層である富裕層はディープ・ステートの一味」と〝暴露〟し、トランプは劇的な勝利をつかむ。その結果、トランプはQアノンを持て囃《はや》し、大統領となったあとも「アメリカの政財界を裏から牛耳っているディープ・ステートが存在する」とツイッターで公言するようになった。世界最大の権力者といっていい米大統領が認めたインパクトは大きく、これ以降、ディープ・ステートは「存在するもの」として扱われ、またトランプを支持する共和党支持者たちを中心に「ディープ・ステート研究」が一気に加速していった。

では、ディープ・ステートとは何か？

一言で説明するならば「究極のファシスト」の集団となる。

国境、民族、あらゆるものを乗り越えて世界を「一つにまとめる」。一つの国家、一つの皇帝（支配者）、一つの宗教、一つの言語、一つの法律、一つの単位（年号）、そして一つの価値観……。文化や文明、国家によってバラバラになっているそれらを「一つに統合」しようと企む勢力なのだ。この「一つに束ねる」はイタリア語でファッシといい、ファシズムの語源となる。このファッシ化をハイレベルで実現した古代ローマ帝国を理想とし、ディープ・ステートは、すさまじい陰謀を駆使して「ローマ帝国」を復活させ、世界を「ひとまとめ」にしようとしている。

欧州王族や貴族がディープ・ステートの原型

ディープ・ステートが歴史の裏舞台に登場するのは、大航海時代に「太陽の沈まぬ国」を築いたスペイン（とポルトガル）からとなる。スペインはバチカンと結託して「カトリック」による世界統一を目論み、アフリカや南北アメリカに広大な植民地を築いた。その後押しをしてきたベネチアやローマの欧州王族や貴族たちがディープ・ステートの原型となったといわれている。

しかしカトリックによる世界統一は失敗。そこでディープ・ステートは次なる帝国へと「政府」を移す。20世紀にかけて広大な植民地を獲得する大英帝国である。

巨大な植民地を獲得した原動力は、産業革命による技術力や強力な海軍ではない。大英帝国最大の〝武器〟は、世界的な実効力を初めて持った国際基軸通貨「ポンド」なのだ。

ポンドを国際基軸通貨に仕立てたのが、ネイサン・メイアー・ロスチャイルドだ。ネイサン・メイアーは「我に通貨発行権を与えよ」という陰謀のもと、ナポレオン戦争を利用してイングランド銀行を実質的に買収（1825年）し、ポンド発行権を手中にする。

ポンドの通貨価値を保障する連帯保証人は「英国王室」だ。これはネイサン・メイアーがナポレオン戦争時に英国王室に貸し付けた莫大な借財（英国債）の「借金札」としてポンドを発行しているためで、世界最大の植民地経営をする世界一の資産家でもあった英国王室のアンダーライター（裏書き）をすることでポンドを「国際基軸通貨」に仕立てたのだ。

この時代、通貨の価値は金や銀との兌換《だかん》が基本であり、金銀の保有量によって発行額が制限される。その点で国際基軸通貨（国際決済通貨）となったポンドは、英国王室の保障のもと、いくらでも通貨を発行できる。この豊富な資金力を武器にイギリスは第二次世界大戦終了まで世界の半分を支配する。この植民地獲得と支配の尖兵となったのが、食糧、資源、エネルギー、建設などのグローバルな巨大企業「メジャー」だった。

その経営陣と旺盛な企業活動を支えた豊富な資金力を供出してきたのは英国の王室や貴族だけではない。19世紀、最強通貨ポンドを背景に英ビクトリア女王は婚姻外交を行い、欧州主要国の王族すべてを「ハノーヴァー朝」の血脈で一つにまとめ上げた。こうして欧州の王侯たちもまた、ポンドの裏書き＝連帯保証人となり、自国の通貨とリンクさせて植民地を経営するメジャーのオーナーやスポンサーとなっていった。

19世紀から20世紀における帝国主義とは、国際通貨と植民地経営企業メジャーを使って世界を「一つにまとめる」のが目的だった。そう、欧州の王侯貴族たちはディープ・ステートなのだ。

アメリカを破綻させ「世界統一政府」を樹立

第二次世界大戦を経て、次に超大国アメリカを根拠地としたディープ・ステートは、新たな国際基軸通貨「ドル」を作り、人類史上最大の武力を持つ「米軍」で世界中の有望な資源（石油など）を買い叩いてきた。冷戦を理由にまずは西側を「一つにまとめる」。そして東側を「一つにまとめた」ソ連を経済破綻させて吸収。アメリカ式の法律やシステムを「民主化」の名のもとに世界各国に押しつけていった。

その仕上げが１９９０年初頭に始まる金融ビッグバンとＩＴ革命だろう。世界中のマネーを「金融自由化」で統合。ＩＴ革命ではインターネットで世界中の情報の一元管理が可能となった。ネット端末（ＰＣやスマホ）を動かすＯＳや重要ソフトをディープ・ステート企業である米系巨大ＩＴテック（ＧＡＦＡＭ）が独占しているのは、そのためなのだ。

ネットの普及は世界中の多くの企業に「アメリカ式システム」の導入を促し、資金力の豊富な米系ファンドやライバル企業による買収を可能にした。こうして多くの業種が巨大企業のもとで「ひとまとめ」になる。言語もネット上ではコードの形ですでに統合されており「世界をひとまとめにする」というディープ・ステートの陰謀は最終段階に入った。

その最終段階の陰謀の大きな柱が、チャットＧＰＴ＝ＡＩ（人工知能）ソフトによる「世界の統合」だ。現在、ＡＩは急速な普及と拡散をしている。これはＡＩをインストールしたネット端末（スマホなど）が、人間＝ユーザーに代わって行動を決め、あらゆる判断をさせるのが目的なのだ。

そうなればAIソフトの「支配者」は、人類のすべてを独善的に決定できる「世界の支配者」となろう。AIに依存した人々は、AIの命じるまま、管理されることになるわけだ。

さらにディープ・ステートは「食」の完全支配の陰謀も加速させている。食は民族・文化によって好む料理や主食が千差万別であり、農業や飲食業、食品産業の多くはグローバル化が最も遅れたジャンル。「世界の統合」がされつつあるなかで、唯一、多様性を保っている。そのためディープ・ステートは、２０２０年のダボス会議で「食の統合」プロジェクトを打ち出して食の一元管理支配へと乗り出した。

このダボス会議では、南北アメリカ、アジア、ＥＵ、オーストラリアにおける食システムを完全リセットし、新しい食システムに切り替えるための陰謀組織「ＥＡＴ」が創設されている。その中心人物はビル・ゲイツだ。

ＥＡＴの参加組織にはビル＆メリンダ・ゲイツ財団を筆頭に食メジャーの米カーギル、世界的種子メーカー米シンジェンタ、畜産最大手の米タイソン、農薬メーカーのモンサントを吸収合併した独バイエル、ワクチン製造の英グラクソ・スミスクライン、世界最大級の流通となったアマゾンがずらりと並んでいる。食と無関係なはずのビル・ゲイツがＥＡＴの筆頭になっている点だけでも怪しさがプンプンと漂ってこよう。

そして、畜産業は二酸化炭素排出を理由に廃止し、昆虫や植物由来のタンパク源で代替していく。環境悪化を理由に遺伝子組み換えの種子以外の使用を禁じて、各国の農業を統合する。つまり人類が食べてよい食糧かどうか、ディープ・ステートが決定するシステムを作ろうとしているのだ。その証拠に食の基準は、ディープ・ステートの息のかかった米系のフードテック企業やグリーンテック企業が影響力を持つようになった。ＩＴにおけるＧＡＦＡＭ同様に、食を独占する巨大企業にする予定なのだ。

近い将来、ディープ・ステートは、現在の根拠地「アメリカ」をボロクズのように使い捨て、アメリカを国家破綻（デフォルト）させるはずだ。ＡＩの普及と食の一元支配という最新陰謀が終了すれば「国境」や「国家」に意味はなくなる。そこで用済みとなったアメリカを破綻させ、世界を大混乱に陥れて、その混乱を終息させる名目で「世界統一政府」をでっち上げるという最終陰謀である。

その首都は「ローマ」だといわれている。

「戦争党」が支配する米露の利権構造
〝終わりなき戦争ビジネス〟を続ける両大国

プーチンのロシアは「戦争党独裁」体制

ソ連時代のロシアは「共産党独裁」の国家だった。全世界に共産革命を〝輸出〟。「終わりなき革命ビジネス」でロシア共産党は権力を維持してきた。

2000年以降、ウラジーミル・プーチンのロシアでは、共産党に代わり「戦争党独裁」の体制を構築。その党首としてプーチンは独裁権を握ってきた。

ロシアの戦争党は、3つの派閥で成り立っている。

一つ目が「ガスプロム閥」である。世界最大のガス関連企業かつロシア最大の企業。ロシア連邦成立後、ガスプロムのガスを供給するパイプラインの設置は国家最優先政策となってきた。パイプラインを通して諸外国（EUなど）に販売するには、ロシアの周辺国に設置する必要がある。周辺国の多くはソ連崩壊時に独立した構成国や旧東側諸国だ。ロシアとの関係はよくない。そのためにロシアは「軍事力」で威圧し、歯向かえば軍事侵攻を厭《いと》わなくなった。こうしてガスプロム閥は戦争党となっていく。

「レニングラードの亡霊」を側近にしたプーチン

二つ目が「ＯＫＢ閥」となる。ＯＫＢはソ連時代の「設計局」のこと。西側の軍需産業と違うのは、この設計局では国内から選りすぐった「天才研究者」に全権を与えてきた点で、数多くの優れた兵器や技術を開発。第二次世界大戦の独ソ戦の勝利の立役者であり、冷戦時代、アメリカに対抗する原動力となってきた。

とりわけ宇宙開発（ＩＣＢＭやロケット）の分野でＯＫＢはアメリカを圧倒した。そうした背景から「アメリカには経済で負けただけであって、技術では負けなかった」と考えるロシア人は少なくない。「栄光のソビエト」の象徴なのだ。現在でも共産党やエリート層はＯＫＢを熱烈に支持している派閥といっていい。

そのＯＫＢの「聖地」がソ連時代、７００ものＯＫＢ軍需工場のあったウクライナの東部ドンバスと首都キーウ周辺なのだ。しかもソ連崩壊時、ウクライナのＯＫＢは米政府と米系企業によって多くの技術が買い叩かれた。ウクライナ侵攻を多くのロシア国民が支持しているのは「ＯＫＢの聖地奪還」と考えているからなのだ。首都キーウを占領するまでＯＫＢ閥は戦争をやめることを許さない。戦争党における最強硬派といえよう。

そして三つ目がプーチンの出身派閥「チェキスト閥」となる。

チェキストとは、ＫＧＢ（国家保安委員会）の前身組織「チェーカー」の精神を受け継ぐ者という意味。チェーカーの正式名称は「反革命・サボタージュ取締全ロシア非常委員会」で１９１７年に設立。当時の独裁者ウラジーミル・レーニンの命令でチェーカーは軍事クーデターを起こさないよう赤軍（ソ連軍）の監視と不満分子の粛正を担ってきた。冷戦時代はKGBがその役割を受け継ぐが、ソ連崩壊後に設立されたFSB（ロシア連邦保安庁）は、軍部を統制する権限を喪失する。そこで大統領となったプーチンが「レニングラードの亡霊」と呼ばれるKGB時代の同僚たちを側近にして、この「チェキスト」システムを復活させ、軍部を完全掌握。軍需関連はチェキスト閥の利権となった。

こうしてプーチン体制のロシアは、ガスプロム閥、OKB閥、チェキスト閥のトロイカ体制のもと、三大勢力の共通利権として〝終わりなき戦争ビジネス〟が始まる。第二次チェチェン紛争（1999～2009年）、グルジア戦争（2008年）、クリミア危機（2014年）、継続中のシリア内戦介入（2015年～）、そして現在のウクライナ侵攻（2022年～）と継続的な戦争状態が続いているのはそのためだ。

さて、この「戦争党独裁」体制は、実はロシアの専売特許ではない。

言うまでもなく「アメリカ」である。

戦後のアメリカとプーチンのロシアは〝双子国家〟

戦後、アメリカが軍事介入した国際紛争は大小様々なケースを入れれば実に200回を超える。主なものだけで朝鮮戦争（1950年）、ベトナム戦争（1965～1975年）、グレナダ侵攻（1983年）、パナマ侵攻（1989年）、湾岸戦争＝第一次イラク戦争（1991年）、冷戦後もユーゴ内戦介入（1994～1995年）、9・11に端を発したアフガン戦争（200

1～2021年）に第二次イラク戦争（2003～2011年）、リビア軍事介入（2011年）、継続中のシリア軍事介入（2014年～）と第二次世界大戦後の75年のうち、40年間も戦争状態を継続してきた。期間を冷戦後に絞れば8割を軽く超える。文字どおり〝戦争国家〟といわざるを得ない。

この「米戦争党」こそが、軍産複合体＝ディープ・ステートといっていい。世界中の資源やエネルギーを管理する「エネルギー閥」「軍需産業閥」、戦争で乱高下する株価を操作して利益を確保する「投資閥」。この三大派閥によるトロイカ体制で戦争党＝ディープ・ステートの「終わりなき戦争ビジネス」をしてきたのが、戦後から現在に至るアメリカなのだ。

米戦争党の傀儡《かいらい》であるジョー・バイデン米大統領が声高にロシアを「悪」と批判するのも「戦争利権」に首を突っ込んできたからだ。戦後のアメリカとプーチンのロシアは〝双子国家〟なのである。

「台湾有事」で〝日中全面戦争〟勃発
自衛隊を前線に引きずり出すバイデン政権の策謀

アメリカは核保有国の中国と戦争をしない

まず、基本認識として、冷戦終結によって中国の「台湾併合」は確定していたはずだった。それが「台湾有事」になりかねないほど揉めているのはなぜなのか。

そもそも台湾統一問題は、企業合併でいえば、巨大化した大企業（中国）が、子会社から完全独立をした中堅企業（台湾）を買収する事案に近い。こうしたケースでは、買収される企業の独立性を保障し、株式の一部を取得してグループの傘下に加えるのが一般的だろう。台湾のケースで説明すれば、中国軍を駐留させて台湾軍を指揮下に置き、外交に関しては本国が主導する。それ以外は台湾自治政府に任せる。これが実現していれば、台湾方面が中国軍の影響下になったことだろう。沖縄は「最前線」となるために沖縄の米軍はグアムに全面撤退していたはずで、日本でいえば尖閣諸島はおろか、沖縄まで中国に奪われても不思議はなかったのだ。

ところが2013年、国家主席となった習近平は、先の企業買収でいえば、敵対的ＴＯＢ（買収）を仕掛けるような強硬姿勢を打ち出した。併合後の自治は認めず、法律も含めて中国本土と完全統合すると宣言した。その結果、台湾〝国民〟は中国に猛烈に反発。独立派の民進党党首の蔡英文《サイエイブン》を総統に選び、「ホワイトナイト」としてアメリカに救済を求めることになったわけだ。

とはいえ、アメリカが核保有国である中国と台湾のために全面戦争を行う可能性は低い。これはウクライナに侵攻したロシアに対して、NATO（北大西洋条約機構）が多国籍軍を結成してウクライナに軍事展開していないことからも間違いない。それどころか、ウクライナ側が求める戦闘機や戦車などの主力兵器の提供も遅れに遅れた。

つまり、中国軍が台湾に軍事侵攻したとしても西側にできるのは、経済制裁と西側諸国からの「排除」程度のもので、世界最強の米軍が北京を空爆して焼け野原にすることも西側連合軍を率いて中国本土に侵攻してくることもない、と習近平は認識しているのだ。

その意味で中国軍の台湾への軍事侵攻のハードルは格段に下がっている。アメリカは台湾有事を仕掛けるために、あえてハードルを下げたとみるべきなのだ。

バイデン政権による度重なる〝圧力〟

とはいえ台湾を見捨てた場合、西側の盟主アメリカの威信は落ち、国際社会への影響力も低下する。そのためバイデン政権が仕掛けたのが、「自衛隊の全面参戦」という陰謀となる。

岸田文雄首相は、2022年12月16日、防衛予算を5年間で43兆円、GDP換算で従来の倍となる2％にする「国家安全保障戦略（NSS）」を閣議決定した。その背景にあるのが、バイデン政権による度重なる〝圧力〟だった。

実際、ディープ・ステートの傀儡であるバイデン政権は、中国とロシアを排除した「新たな西側」を構築し、アメリカの一極化と一人勝ちを狙っている。その第1弾としてエネルギー資源で影響力を増したロシアを挑発。ウクライナに侵攻させることで国際社会からロシアとロシア産エネルギーを排除する。

その次の一手として仕掛けているのが、中国による台湾有事だ。2022年2月に「インド太平洋戦略」を発表。さらに「Ｑｕａｄ（クアッド、日米豪印戦略対話）」で中国を封じ込める戦略を打ち出してきた。この国家戦略を成立させるのに不可欠な条件が自衛隊の参戦。そこでバイデン政権は、2022年5月の日米首脳会談で岸田政権に自衛隊参戦を厳しく要求した。それを岸田首相が拒絶するや、同年7月8日、安倍晋三元首相暗殺事件が発生。そのうえで9月以降、突如、150円台という「超円安」になったことに震え上がった岸田首相は、「自衛隊の参戦」を受け入れたという経緯がある。安保3文書の発表後、あっさり円安が終息したのが何よりの証拠だ。

また2023年4月15日の岸田首相襲撃テロ事件のあと、岸田首相は追い立てられるようにウクライナを電撃訪問し、戦争当事国への支援は人道面以外行わないという従来の方針を覆して全面支援を約束した。これも自衛隊の「台湾有事」参戦への地ならしとみていい。

北朝鮮が弾道ミサイルを台湾方面に発射

では、台湾有事はどのように始まるのか。ここで動くのが中国＝習近平の要請を受けた北朝鮮の金正恩《キムジョンウン》ではないか、という見方が強まっている。２０２４年には台湾総統選挙があり、与党民進党は副総統の頼清徳《ライセイトク》が出馬し次期総裁になると見込まれている。その対抗馬と目されているのが、台北市長に選出された蒋介石の曽孫で中国との統一を主張する蒋万安《ショウバンアン》なのだ。

もし、台湾総統選に併せて北朝鮮の弾道ミサイルが台湾方面に発射を繰り返せば、ＭＤ（ミサイル防衛）の能力がない台湾はパニックとなり、総統選挙は大荒れになると予想できる。

その習近平の動きを見越し、ディープ・ステートは２０２３年3月、新設の石垣島駐屯地に自衛隊のミサイル精鋭部隊を展開させている。北のミサイルが台湾方面に何度も撃ち込まれれば、台湾とアメリカの要請で日本政府はイージス艦を石垣島から尖閣方面に展開せざるを得ない。その場合、台湾有事の前哨戦として中国軍と自衛隊が武力衝突する可能性はきわめて高くなる。しかも先制攻撃を封じられている自衛隊に多大な被害が出ることが予想され、そうなれば当然、「中国との戦争」を容認する日本国民は激増しよう。

こうして「全面参戦する」状態が作り出されていくのだ。

「北朝鮮」の核戦略による復活劇
国家破綻寸前の北朝鮮を救ったプーチンの支援

ぶち切れたトランプに追い込まれた北朝鮮

国家として〝死にかけていた〟北朝鮮が息を吹き返した。

復活の祝砲といわんばかりに2022年度だけでも実に85発以上のミサイルを発射。2022年10月4日には、弾道ミサイル「火星17型」を青森県付近の上空を通過させる〝暴挙〟で完全復活をアピールしている。

金正日《キムジョンイル》の死後、2011年に跡を継いだ金正恩《キムジョンウン》の体制は決して盤石なものではなかった。2013年にナンバー2の張成沢《チャンソンテク》元国防副委員を粛正。2017年には異母兄である金正《キムジョン》男《ナム》を暗殺したのは権力が安定していなかった証拠でもある。

そのため金正恩は米大統領となったドナルド・トランプに接近。「核廃絶」をちらつかせて政権の後ろ盾にすべく画策し、これに政治実績がなかったトランプも乗った。「朝鮮半島の核廃絶」という成果を残せば、ノーベル平和賞は確実となる。その実績で2020年の大統領選での再選を目論み、2018年以降に3度の米朝首脳会談が実現する。

とはいえ両者とも外交の素人だけに問題を解決する能力はなく、騒ぐだけ騒いで何の成果も上げることはできなかった。赤っ恥をかかされたトランプは本気でぶち切れ、金正恩の「斬首作戦」および北朝鮮という国家を「殺す」ワームビア法を発動する。ワームビア法とは、日本でいえば暴力団排除条例のようなもので、北朝鮮を犯罪組織として認定し、アメリカと取引する国家、企業は北朝鮮といっさい公的な取引を禁じるという法律。これで外貨を得られなくなった北朝鮮は、国家破綻寸前まで追い込まれる。

実際、2022年以前の北朝鮮は、この厳しい経済制裁と世界的な新型コロナウイルスのパンデミックのダブルパンチで最悪の経済状態にあった。日本海沿岸には北朝鮮の難民船が何度も漂着。夜間撮影された衛星写真でも北朝鮮は電力不足のために真っ暗なまま。2021年の東京オリンピック・パラリンピックといったスポーツイベントも「金銭」を理由に参加できないほど困窮。大量の餓死者が懸念されていたほどだった。

ロシアの技術支援で高性能化した弾道ミサイル

ところが北朝鮮を敵視していたトランプが2020年の大統領選で敗北、さらに2022年2月のロシアによるウクライナ侵攻が追い風となった。

この軍事侵攻でアメリカを中心とした西側から経済制裁を受けたロシアのプーチンが、北朝鮮を公然と支援するようになったためである。

ウクライナ侵攻後、ロシアは極東に配備した部隊をウクライナ側に振り分けた。手薄となった極東方面の代替戦力を北朝鮮に求めたからだ。その目論みどおり、開戦以後、北朝鮮がミサイル発射を繰り返すことで自衛隊の〝虎の子〟イージス艦は西日本方面から動かせなくなり、アメリカの空母艦隊も対応に追われている。

何より現在の北朝鮮の弾道ミサイルは、ロシア製かロシアの技術支援によるものと想定されている。つまり日本の全都市どころか、米西海岸の都市にピンポイントで撃ち込む性能を持っている可能性が出てきた。しかも核弾頭の搭載も可能となれば、本気で防衛する必要がある。以前のようにJアラートを鳴らせば済む状態ではなくなっているのだ。

北朝鮮の核保有が「脱アメリカ」を加速

それ以上にやっかいなのが〝北朝鮮の暴走〟が新たな「東側」のアピールになっている点だ。核保有国のため、他国の上空にミサイルを撃ち込むという暴挙に対してアメリカは平壌への空爆はおろか、いっさいの軍事行動をしていない。この甘っちょろい対応が「核保有国になれば、アメリカは経済制裁をしても本国に対する軍事侵攻はしない」と証明してしまったのだ。

その結果、「脱アメリカ」を目論む中堅国家（地域大国）は「核武装」に走っている。それがイランとサウジアラビアである。

2023年3月、この両国は中国の仲介で歴史的な和解をした。その裏では、中国による「核開発技術の提供があったのでは」とささやかれているのだ。その証拠に2017年からサウジ首相となって独裁権力を獲得したムハンマド皇太子は「イランが核武装すれば、サウジも核武装する」と明言。サウジの核保有に反対するアメリカと対立を深める一方、ムハンマドは露骨に中国へすり寄るようになった。

核保有国となればアメリカからの軍事圧力に対抗できる。この事実によってロシア、中国、北朝鮮、パキスタンに加えて、さらにイランとサウジアラビアが新たに「核クラブ」へ参加する状況を生み出した。これを「東側同盟」と呼ぶならば人口、資源、国土の面でもアメリカが主導する西側に対抗できるようになるだろう。

現在、グローバルサウスと呼ばれるインド、南アフリカ、ブラジルなども「脱アメリカ」の動きを強めており、核を保有するインド以外の2国も核保有国となって東側入りするという可能性は決して低くない。

北朝鮮の復活劇が、新東側という「核クラブ同盟」へと繋がっているのだ。

「ディープフェイク」進化の危険性

チャットGPTの登場で真贋の判別が不可能となる生成映像

プロの分析官でなければ見分けがつかない〝リアルさ〟

ディープフェイクとは、「深層学習（deep learning）」と「偽物（fake）」を組み合わせた用語からわかるように、人工知能（ＡＩ）による人物画像の合成技術とそのソフトを意味する。

アナログ時代、ヌード写真にアイドルの顔を張りつける「アイコラ（アイドルのコラージュ写真）」があった。ディープフェイクは、ＡＩを使って「動画」にコラージュを可能にした技術となる。

２０１７年前後、ネット上に無料公開された一連のディープフェイクソフトを使って、ハリウッドの有名女優やセレブたちの動画や画像データを取り込んだ「フェイクポルノ」が多数作られて話題となった。ディープポルノを公開するのは明確に違法とはいえ、個人で楽しむだけならそれほど罪はない。しかし、いったん広まった技術は加速度的に進化する。

それを内外に証明したのが、２０２２年9月8日に逝去したエリザベス女王だった。

例年、エリザベス女王はクリスマス当日にバッキンガム宮殿のベランダから国民に挨拶をするのが恒例となっていた。２０２０年のクリスマス、イギリスの公共放送チャンネル４がエリザベス女王の挨拶映像をオンエアした。ところが、その直後に「いまの映像はディープフェイク（CG）で作った偽造です」とテロップを打った。そして、CGで作った偽造映像と平行して〝本物〟を見比べる番組を放送したのだ。これは王室の正式な許可を受けたものだが、あまりの出来のよさに一般レベルでは見分けがつかない〝リアルさ〟が話題になった。テレビ局のスタッフが、ネット上にあったディープフェイクのソフトで作った動画ですら、専門の解析ソフトを使うプロの分析官でなければ判別できなかったのだ。

エリザベス女王はこのCG映像放送直後の2021年、高齢を理由に公務から半ば引退し、また新型コロナウイルスを理由に人前に出ず、その間に登場する「映像」が本物かどうか、わからなくなっていた。女王の最後の「映像」は、亡くなる2日前となる2022年9月6日、新首相に就任したリズ・トラスとの正式謁見《えっけん》だった。その映像は果たして「本物」だったのか。エリザベス女王がいつ亡くなったのか、いつまで元気だったのか、王室がディープフェイクの利用を公認したことで、まったくわからなくなっていたのだ。

わかっているのは、公式発表から2日後、まるで女王の死を知っていたように準備も万全に、滞りなくチャールズ皇太子の戴冠式が行われたという点だけだろう。

チャットGPTが「ディープフェイク制作ソフト」を製作

とはいえディープフェイクの使い勝手と実用性は、そこまで高くなかった。ベースとなる動画に顔だけを〝上書き〟するので、偽物（フェイカー）の動きを自由自在に操るような動画はできない。顔以外の動きも意図どおりのディープフェイクを作るためには、特撮ＣＧの撮影のようにクロマキーの前で演技をして、そこに特定人物の顔を重ねていく作業が必要となり、リアルタイムのライブ映像として使うには技術的なハードルが高かったのだ。

高齢で認知症説のあったジョー・バイデンも、大統領就任以後、「ディープフェイク説」が流れた。コロナ禍もあってバイデン大統領は顔に大きなマスクを着けていた。そのためディープフェイクで「ＣＧ」化できるのではないか、と疑われたのだ。

このディープフェイクが、２０２３年になって再び大きな話題になっている。生成ＡＩソフト「チャットＧＰＴ」が登場したからである。先にも述べたように、本格的なディープフェイクの制作、つまり特定の人物（フェイカー）を動かすには映画製作レベルで映像の専門家やスタッフと、製作時間が必要となる。この問題をチャットＧＰＴが解決したのだ。

実際、チャットＧＰＴは、ユーザーの好みや指示どおりに架空の「映画やドラマ」を制作する能力がある。不謹慎な例えだが、「２０２３年4月15日に発生した岸田首相爆弾テロ事件でテロが成功した映像を見たい」とチャットＧＰＴに入力すれば、岸田首相が暗殺された衝撃映像と「岸田首相暗殺」というＮＨＫのニュース映像も簡単に作り出すことができる。

何よりチャットＧＰＴは、高いプログラミング能力があり、「よりリアルなフェイクを」と要求すれば、ディープフェイクのプログラムを勝手に修正して、より高度なソフトにできる。チャットＧＰＴによってバージョンアップした「ディープフェイク制作ソフト」が次々と生み出されている可能性は高い。いまやチャットＧＰＴのユーザーが、「フェイカー」を使ったリアルタイムの動画配信をすることも夢物語ではなくなっていることが理解できるだろう。

実在する人間の映像をディープフェイクで使い放題に

２０２５年の大阪万博以降、日本では指紋や顔の認証に代わって「全身スキャン認識システム」の全面導入が予定されている。ＡＩの発展によって産業構造が激変すれば、仕事とお金のなくなった人々が、自分のＩＤでもある全身データの「使用権」を企業に売却するケースが激増するだろう。そうなれば購入した企業は、現実に存在する人間の映像をフェイカーとして好きに使える時代が到来する。

また、生放送の報道番組に出演するキャスター、コメンテーター、ゲストが「本物」か「偽物」か？　そもそも「実在」するのか？　まったく判別できない時代も近いだろう。

「ツイッター買収」イーロン・マスクの真意
米大統領戦で「AIを排除した言論空間」を提供するのが目的

ツイッターの買収は"ビジネスではない"

2022年10月27日、イーロン・マスクはSNS大手のツイッター社を完全買収。それに反発する米メディアやリベラル層から猛烈なバッシングを受けるようになった。なぜ、マスクはツイッターを買収したのか。というのもツイッター買収は彼の経営方針にそぐわないからである。

決算システムの「ペイパル」創業メンバーだったこともあり、IT起業者と思われがちだが、イーロン・マスクの経営する企業は重工業に特化している。主力は、自動車（テスラ）、発電（テスラエナジー）、ロケット（スペースX）、通信衛星（スターリンク）。ロケットで衛星を配備し、自動車を衛星通信で結んで「走るスマホ」にすることで自動運転（オートパイロット）を可能にする。そして電気自動車向けに大規模発電でエネルギーを供給している。こうして各企業を深く結びつけて相乗効果（シナジー）を出すところに経営者として、あるいはイノベーターとしての手腕があった。マスクの経営する企業の株果がそれぞれ跳ね上がるのも、この連動性が評価されているためなのだ。

ツイッターにこの連動性や相乗効果は見込めない。なぜ買収したのか、と疑問視されるのも当然となる。その点からツイッターの買収は〝ビジネスではない〟とみるべきなのだ。

「ディープ・ステートの犬」にならなかったトランプ

では、何が目的なのか。

ツイッターが2024年の米大統領選の「選挙ツール」であるのは間違いない。2度目の大統領の座を目指すドナルド・トランプに対して、買収直後、永久凍結されていたツイッターのアカウントを解除している。2016年、政治実績のないトランプが大統領選で勝利したのもツイッターを駆使した選挙戦術がはまったからだった。

世界で最も過酷なアメリカの大統領選挙を勝ち抜くには、莫大な選挙資金と優秀なスタッフが大量に必要となる。そのため民主党候補、共和党候補も予備選挙を勝ち上がる過程で、有力なスポンサーに「首輪」をはめられる。投資家や富裕層、資源やエネルギーのメジャー（巨大企業）、ＩＴのビッグテックに軍需産業というディープ・ステートのメンバーたちの支援を受けることでやっと大統領選を〝戦える〟わけだ。

アメリカの大統領選は、「ディープ・ステートの犬」になるよう制度設計されているのだ。

ところがトランプは、ツイッターという「無料ツール」を使うことで、自己資金で選挙戦を戦い、勝ち抜いてしまった。その結果、「ディープ・ステートの犬」にならなかった。トランプが堂々と「ディープ・ステートは存在する」と公言できたのは、そのためでもあったのだ。

最強の選挙ツールをトランプに与える

この最強の選挙ツールをトランプに与える。これもマスクの目的の一つだろうが、そのためだけに440億ドル（約6兆4000億円）を払ったわけではない。

買収後、数々の経営改革のなかで一貫して強権を発動してきたのがツイッター上での「AIの排除」だ。botと呼ばれる拡散AIツールの排除に始まり、ディープフェイクの画像、そして2023年3月に有料版がリリースされ、わずか2カ月で1億ユーザーを獲得した生成AIソフト「チャットGPT」もアクセスできないシステムを導入している。

2024年の大統領選はチャットGPTを軸にした「AI選挙」になると予想されている。AIを使い、SNSやネットニュースのコメントに介入し、特定の候補の支持を高め、世論も誘導する。各地の演説会場の映像もAIで加工し、熱烈に支持されているようにねつ造、それをSNSにばら撒く。

候補を支持する「声」もAIならばいろんなバリエーションを作れるためにバレにくく、また、どんな「声」が支持されやすいかをAIが深層学習で勝手に学んで精度を高めていく。いわばAIが勝手に作り上げた「デマ情報」で米大統領という最強の権力者が選ばれるかもしれない状況が生まれるのだ。「民主国家」の根幹が揺るぎかねない状況となるだろう。

これを危惧したマスクは「AIが関与できないネットの言論空間」としてツイッターが絶

対に必要だとしてポケットマネーから440億ドルを供出した、と推察できる。

　チャットGPTを開発したOpenAIの創業メンバーだったマスクはAIに関する造詣は深い。そのマスクが、高度なAIの使用は産業用と軍事用に限定して、一般ユーザーに対しては使用規制が必要と考えているのだ。

　いずれにせよ、次の大統領選でマスクは「AIの使用制限」を打ち出す候補を応援することになるだろう。それがドナルド・トランプになるのかは別にしてだが。

「チャットGPT」で激化するAI戦争
AIを制した者が世界を意のままに動かす支配者に

ビル・ゲイツがチャットGPTに巨額の出資

対話型ＡＩ（人工知能）の「チャットＧＰＴ」が世界中で話題になっている。ユーザーが入力した質問に自然な対話形式でＡＩが答えるチャットサービスで、その高性能ぶりと進化の伸びしろの大きさから、一部では「人類にとって原子力やコンピューターの登場に匹敵するインパクト」と称されている。大学生がチャットＧＰＴを使ってレポートや論文を書いたり、小学生が読書感想文を代筆させたりといった使い方が生まれて賛否を呼んでいるが、もはやＡＩの進化と普及は止めようがなく、確実に私たちの生活に浸透していくことになるだろう。

「チャットＧＰＴ」を開発したＯｐｅｎＡＩのＣＥＯであるサム・アルトマンは、各国の首脳クラスと会談するなど時代の寵児《ちょうじ》となっているが、同社にはマイクロソフトが巨額の出資をしている。マイクロソフトの元ＣＥＯであるビル・ゲイツは「近いうちにＡＩが子供たちに読み書きを教えるようになる」などと、チャットＧＰＴの活用とビジネス展開に期待を寄せた。

一方、テスラのイーロン・マスクは、独自のAIプラットフォーム「TruthGPT」を立ち上げ、マイクロソフトなどに対抗していく考えを表明。2023年4月にFOXニュースのインタビューで「宇宙の本質の理解に向けて最大限の真実を追い求めるAIを始める」と意味深に宣言した。AI開発の主導権をめぐって、ゲイツやマスクら世界を動かすリーダーたちによる「AI戦争」が始まっているのだ。

AIは人類に大きな変革をもたらすだろうが、大きなリスクも懸念されている。永遠に進化していくAIの知能がいずれ人間を上回り、人類がAIに支配される、あるいは人類が滅ぼされる可能性があるのではないかと指摘されているのだ。まるでSF映画のような話だが、多くの優れた研究者たちがその危険性を憂慮している。ただ、AIの進化は開発者が制御できるはずで、人類を滅亡させたところで誰にも得はないのだから、その恐れはないという意見も強くある。

だが、AIが危険なのは人類滅亡のリスクだけではない。悪意を持ったAIを開発し、それを浸透させれば、政府、軍事組織、犯罪組織、特定企業などに利益をもたらしたり、支配したりといったことが可能になる。ネットで世論誘導することで、人々の思考を操ることもできる。

将来的には、AIを制した者は世界を意のままに動かせるようになるといっても過言ではない。だからこそ、ゲイツやマスクらが躍起になってAI開発に参画しているのだ。AIをめぐる争いの結果によって、今後の「世界の支配者」が決まるのかもしれない。

「メタバース」の最終目的は軍事利用
仮想空間の戦場から現実の戦場の人間を殺す技術を開発

ロボット兵器にリンクしてゲーム感覚で人間を殺す

メタバースとはネット上に構築された3次元の仮想空間のこと。人々はVR（バーチャルリアリティー）ヘッドセットを通じて、その仮想空間に没入する。仮想空間の中でアバター（分身）を身にまとい、会話、ゲーム、ショッピング、コンサートなどを楽しめるほか、仕事や創作活動なども可能となる。

米金融大手シティグループはメタバースの市場規模を、2030年には最大1600兆円になると予想している。なかでもメタバースに注力しているのは社名を「メタ」に変えた旧フェイスブックだ。しかし、VRヘッドセットの一般普及が進んでいないこともあり会社の業績は悪化。2022年7月には代表のマーク・ザッカーバーグが「メタバースに関する事業計画があまりに楽観的すぎた」と発言した。

このままブームが減速していく予想も出てきているが、実はメタバースの着地点は「仮想空間ではなく現実世界」であるとすれば話は違ってくる。

例えば、日本の内閣府は、メタバース内のアバターとリンクさせて現実世界のロボットを操作する技術を2050年までに実現させる目標を打ち出している。

これは、放射線量の高い場所など危険な状況での作業に応用できる技術だが、それと同様に、メタバース内でのアバター操作にリンクさせたロボットや兵器に戦争をさせることもできる。メタバースの中でモンスターと戦うと、リンクしたロボットが戦場の人間を殺すというようなことも可能なのだ。

すでに、マイクロソフトは米陸軍とVRヘッドセットの最大12万台の供給契約を結んでおり、仮想の敵兵と戦う訓練に使う「合成訓練環境」というシステムが開発されている。これにより将来的には、メタバース上に〝地球そのもののコピー〟を作成して、世界中のあらゆる場所での戦闘をシミュレーションできるようになるという。

だが、これがもし訓練ではなく実際のロボットにリンクされるとすれば恐ろしいことだ。メタバース内で兵士たちは人を殺す罪悪感を覚えることなくゲーム感覚で敵を殺戮《さつりく》できるようになる。あるいは、プロゲーマーに「これはゲームだ」と偽って遠隔地のロボットを操作させ、実際の戦果を挙げさせることも可能になるだろう。

我々はメタバースの動向を注視していかなければならない。

「ウクライナ侵攻」の報道されない真実

「戦争はウクライナの敗北で事実上終わっている」説

「ウクライナがユダヤに売り払われた」とする情報

国際法の観点からすると、ウクライナでは先に武力攻撃を仕掛けたロシアが「悪」となる。これは揺るがしようのない事実だ。だが日本で見聞きする報道が西側のプロパガンダであることもまた確かなことである。

ロシア側が当初から主張するのは「ウクライナ侵攻は治安維持を目的とした警察行動」ということ。ウクライナにおいてマネーロンダリングや様々な犯罪を行ってきたディープ・ステートと、これを阻止しようとするロシア。それがウクライナ侵攻の真相だというのだ。

作戦開始から1年以上も経ってなお続く泥沼状態について、西側メディアは「ロシアの作戦失敗」と喧伝する。だがロシアが本当にウクライナに勝利することだけを目的していたならば、首都キーウに攻撃を集中させていたはずだ。現実には周辺都市での戦闘が主であり、西側メディアが「キーウを攻撃」と伝える際も、それは軍事施設に限定したものである。さらに言えば、FSB（ロシア連邦保安庁）の能力をもってすればゼレンスキー暗殺はさほど難しいミッションではない。

世界各国から集まった支援金や物資を懐に入れるために、ディープ・ステートが戦争を泥沼化させているとする情報もある。

2023年5月、ウクライナ政府とアメリカのブラックロック社が「ウクライナ復興ファンド」の設立に向けた協定に調印した。ブラックロック社はニューヨークに本社を置く世界最大のユダヤ系資産運用ファンドだ。この件については「ウクライナがユダヤに売り払われた」とする情報が各所から聞こえてくる。

実際に戦地へ潜入しているポーランド当局者などは「戦争はウクライナの敗北で事実上終わっている」と伝える。支援の名目でウクライナへ送られてくる武器弾薬の半分以上が使えないガラクタで、これを送った国々は「新品を支援した」として国内で予算を計上し、その差益を得ているとされる。そのせいでウクライナの正規軍は戦闘を継続できる状況になく、現在戦っているのは西側諸国から送り込まれた傭兵部隊だけという。傭兵たちはウクライナからの賃金支払いが止まればすぐに自国へ引き返すことになる。

バイデンやジャネット・イエレン米財務長官らが次々とウクライナを訪れて経済支援を発表しているが、それもマネーロンダリングのためだといわれる。

「ワクチン兵器」による人口削減計画
パンデミック終結の数年後から始まるワクチン被害の恐怖

追求され始めたディープ・ステートの「ワクチン犯罪」

2019年から始まった新型コロナウイルスによる世界的なパンデミックは、ディープ・ステートによる「人口削減テロ」だとする説が、欧米のSNSを中心にして広まっている。

第一段階で生物兵器であるウイルスをばら撒き、第二段階では危険なワクチンを推進することで人口削減を実現する。それと並行して、ワクチン接種者にはワクチンパスポートを発行し、このパスポートがなければ日々の物品購入が制限され、銀行口座も開けないといった形で生き残った人類を管理する。パンデミックはそういった計画のもとに作り出されたというのだ。

「ワクチンにマイクロチップが入っている」といった噂も広まったが、これについては確たる証拠がない。他にも「ワクチンを打つと体が磁気を帯びる」などの突飛な説が多数流れたが、これらは〝真の狙い〟を覆い隠すために広められたデマであった可能性が高い。

WHO（世界保健機関）に報告された新型コロナウイルスによる全世界の死亡者数は2023年3月時点で700万人弱。ワクチンによる死亡事例は判然としない部分もあるが、それでも生物兵器ウイルスとワクチンによる人口削減プランは失敗に終わったといえるだろう。

ただしワクチンに関しては「人体への影響が現れるのは数年後」「人を殺すためのではなく、妊娠出産を阻害して人口を減らす目的のもの」という報道もあり、まだまだ予断を許さない。新型コロナウイルスとは別の、致死率を高めたウイルスを新たに蔓延《まんえん》させる計画もあるとされる。

現在、ファイザー社やモデルナ社のmRNAワクチンについて、重篤な副反応や今後の合併症の危険性が様々な研究機関から指摘され始めた。英政府は「新型コロナウイルスに比べて、ワクチンのほうが24倍も死亡リスクが高い」とのデータを公表している。

多くの国でワクチン被害をめぐる裁判が始まっており、「安全確認をせず、多くの人に危険なワクチンを打った」という訴えに、ファイザーなどの製薬会社はワクチンの加害性を否定するのではなく「政府の命令で動いたのだから、我々に責任はない」との主張をしている。今後の成り行き次第では、欧米の政府高官や国際機関の幹部たちの逮捕劇が起きる可能性もある。

２０２３年５月にはＷＨＯも緊急事態宣言の終了を発表。ディープ・ステートはワクチンやＰＣＲ検査キットを世界各国に売りつけて巨額の利益を得たが、今後はパンデミックの責任を厳しく追求されることになる可能性も。先に述べたような「ワクチン犯罪」による関係者の逮捕が起これば、それはディープ・ステートの衰退を示しているのだ。

「フォーブス100社」の正体と黒幕
ディープ・ステートの金融支配を支えるグローバル企業たち

不況下でも成長を続けるディープ・ステート系企業

世界を股にかけるグローバル企業。そのほとんどはディープ・ステートの支配下にあると考えて間違いない。闇の権力者たちはそれら大企業のマネーの力を利用して、世界各国の政府権力を支配下に置いてきた。米経済誌『フォーチュン』が年1回発表する全米の総収入上位500社「フォーチュン・500」や、『フォーブス』の発表する「世界で最も価値あるブランド100社ランキング」。これらの上位に名前の挙がる企業はほぼすべてがディープ・ステートの支配下企業と言っていい。

フォーブスの世界ブランド価値ランキングのトップはここ数年にわたってアップルが独占。2022年の調査ではブランド価値が4822億ドル（約67兆円）で、前年比18％の上昇とされている。2位はマイクロソフト、以下にアマゾン、グーグルが続き、アフターコロナ＆ウクライナ侵攻に起因する世界的な不況のなかで、これら企業はいずれも10％以上の成長をしている。

他の上位企業としてはテクノロジー系の小売業者や高級アパレルブランドが名を連ね、上位10ブランドの価値の合計は100社全体の53％を占めている。このことから現代の世界経済が「富の寡占状態」にあることがわかる。

いずれの企業もグローバルに事業を展開し、売上高の少なくとも30％は、本拠地のある地域以外の国々から得ている。ビジネスの対象は北米、ヨーロッパ、アジアに留まらず、新興国の市場にも積極的に進出しており、さらにディープ・ステートの影響下にある国際機関の世界銀行やIMFがこれら企業の後押しをする。こうしてディープ・ステートは「経済による世界支配」を進めてきた。

中国を中心としたBRICS（ブラジル、ロシア、インド、中国、南アフリカ）はこれに対抗すべく、人民元による多国間決済を実現しようと動いているが、現段階でそれに賛同しようという国は少ない。

なぜならばランキング上位を占めるグローバル企業は米ドル以外での決済を認めていない。つまりこれら企業と取引するには米ドルを使うしかないのだ。

1971年、ニクソン・ショックと呼ばれた金本位制から変動相場制への大転換。この時にディープ・ステートが作り上げた世界金融システムは、米ドルの価値が落ちつつあるいま、同じディープ・ステートの傘下にあるトップ企業のブランド力によって支えられている。

「地球温暖化」ビジネスの黒幕たち
「SDGs」や環境問題による〝新世界秩序〟の実現

環境問題は他国の経済活動を制限する〝きれいごと〟

元米副大統領アル・ゴアが出演して環境問題を訴えた2006年の映画『不都合な真実』。同作はアカデミー賞の長編ドキュメンタリー映画賞を受賞し、ゴアもまたノーベル平和賞を受賞するなど大きな話題となった。これにより「地球温暖化」をはじめとする環境問題は、差し迫った将来の危機として世界に周知されることになった。

だがこの作品についてイギリスの高等法院の裁判では「事実誤認とデータの誇大化に満ちあふれた映画であり、その内容は科学的に立証されておらず断定できる事実ではない」として、「9つの誤り」を指摘されている。

そもそもゴアは政治家であって気候科学者ではない。それがなぜ環境問題を主張することになったのか。そこには環境問題を政治問題に転換して世界中に広めようというディープ・ステートの意図があった。目的達成のためには科学者よりも、ゴアのような著名な政治家が適任だったというわけだ。ゴアは2021年にも、アメリカのニュース番組で「いまがグレート・リセットの絶好のタイミングである」と語っている。

「グレート・リセット」とは世界経済フォーラムが掲げる〝新世界秩序〟のことであり、近年いわれる「ＳＤＧｓ」もその一環として推奨されている。

「いまこそ世界規模でリセットをする好機で、経済活動のニューノーマルとしてまずは気候危機を解消していくことから初めるべきだ」「化石燃料を減らしていくことがいまの最重要課題だ」というゴアの主張はディープ・ステートの狙いと完全に合致する。

日本では『報道ステーション』元キャスターの古舘伊知郎が「脱炭素と言っているきれいごとはかなりの嘘があると思う。脱炭素というのはビジネスになるから」「グレタ・トゥーンベリさんの後ろにも何百社と金融関係、ウォール街がついている」などとテレビで発言している。

地球温暖化が陰謀論なのか、それとも批判が陰謀論なのか。双方の主張は世界規模でぶつかり合う状態にある。だが脱炭素を目標に自動車の全面ＥＶ化を掲げていたヨーロッパが最近になって合成燃料エンジンを認めたように、環境問題と実体経済が地続きであることに疑いの余地はない。脱炭素を理由に他国の経済活動を制限することによって、自分たちが富を独占する。だから日本が先行する水素エネルギーや低炭素化の技術も認めようとしない。気候問題をはじめとしたＳＤＧｓの裏側にはそうした意図が少なからず含まれているのだ。

「電磁波兵器」が引き起こす〝大惨事〟

トルコ大地震は電磁波を利用した「地震兵器」による攻撃

都市機能をマヒさせる「電磁波兵器」だった中国の気球

2023年2月6日にトルコ南部のシリア国境近くで起きたマグニチュード7・8の大地震。情報筋によれば、「電磁波兵器」によって起こされた疑いが強いという。

地震発生時、地中で異常な電磁波が観測されることがわかっているが、その電磁波を人為的に発生させて、活断層などに照射することにより地震を起こす。そんな電磁波を利用した「地震兵器」が存在するというのだ。

トルコ大地震が人工地震だとする根拠の一つとしては、アメリカを含めた西側諸国が地震発生の直前、トルコ在住の自国民たちに退避勧告を出し、避難させていたことが挙げられる。

なぜトルコが地震兵器のターゲットとされたのか。近年トルコでは国内の有力メディアが「オスマン（旧トルコ）帝国復活」の論調を強く押し出していた。オスマン帝国復活とは周辺国の支配のことであり、そこには当然イスラエルも含まれる。イスラエルを重要な活動拠点の一つとするディープ・ステートにしてみれば、トルコによる支配などは到底許容できる話ではない。そこでイスラエルを支援する目的でトルコへの先制攻撃として地震兵器が使われたというのだ。

トルコ地震と同じ頃、米本土上空で中国製の気球が発見されて騒動になったが、これもまた電磁波兵器の一種であったといわれている。

これは地震を発生させるのではなく、都市機能をマヒさせる目的のもの。上空で強力な電磁波を発生させれば、GPSなどの通信インフラや、重要施設のコンピューターシステムなどを機能不全に陥れることになる。そうしてあらゆるコンピューターが停止、あるいは誤作動を起こすことになれば、社会生活は完全にマヒしてしまう。株式市場など金融システムがダウンした時には、米国内はもちろん、世界規模の金融危機を引き起こすことにもなる。軍の機能もストップしてしまうため、他国からの攻撃を受けたとしてもまともな反撃はできない。

そうした大規模なものだけでなく、個人攻撃用の電磁波兵器もあるという。現在スマホなどで標準仕様となりつつある5Gは旧世代の通信技術より高い周波数の電波を発し、そこから発生する電磁波ノイズが人体に悪影響を及ぼす可能性があるというのだ。高速通信実現には市街地に多くの小型基地局を置く必要があり、そこから発生する電磁波もバカにならない。

例え5Gでは甚大な影響がなかったとしても、すでに次世代の6G技術の開発も進んでいる。さほど遠くない将来、次世代電波による健康被害が社会的大問題となると予測されている。

「昆虫食」のブームは日本だけ
危険なアレルギーでディープ・ステートは計画を中止

明らかになりつつあるコオロギ食の健康被害

ディープ・ステートによる世界支配の指針を示すための国際機関といわれる世界経済フォーラム。その会長で、ロスチャイルド家の系譜に列するクラウス・シュワブが推奨するのが、コオロギを次世代のタンパク源にしようという昆虫食だ。

「ダンボールハウスに住まわされ、安価で大量に供給される昆虫タンパク質をエサとして与えられて生きていく」というのが世界経済フォーラムの描く「人間牧場」の未来像なのだ。実際、ロックフェラー家の次期当主候補であるデイヴィッド・ロックフェラー・ジュニアは、フィリピンで昆虫食の研究に関わっていたという。

食糧危機自体が人口削減による世界支配計画の一環として進められているものであり、すでに飢餓やインフレによる暴動は南米ペルーなどいくつかの国で起こり始めている、しかしそういいながら、現時点では食用昆虫の大量生産には至っていない。生産自体はさほど難しい技術を必要としないが、計画が進まない裏にはそれ以外の理由があるのだという。

「みんなコオロギを食べて健康になろう」などとは言うが、これを本格的に進めることによって健康被害が出ることが明らかになりつつあるのだ。

例えばペットショップで売られるネコのエサも、栄養素だけを見れば人間が食べてもいいはずだが、実際に食べれば腹を壊したりする。昆虫食もそれと同じで、もしも昆虫食が本当に人間の体にとってよいものなら、きっと太古から食べられてきたはず。とくに危険視されているのがアレルギーで、日本でも某地下アイドルがユーチューブ番組の罰ゲームで食用として市販されていたコオロギを食べたところ、じんましんを発症した事例が報告されている。

ディープ・ステート側でもすでにそうしたことは研究済みで、計画を断念したという。しかし意図的に情報の伝達を遅らされている日本では、いまだ昆虫食がもてはやされている。

昆虫食は実用的でないということで、別のタンパク源として考えられているのが「人間の死体を原料にした人肉食」だとする情報も伝えられる。

アメリカのスーパーでいろいろな加工食品に含まれる肉を分析したところ、そのうちの約2割が正体不明であったといい、それが実は遺体を挽肉に加工したものではないかというのだ。

かつて某ハンバーガーチェーンのパティがミミズやネコの肉だという都市伝説もあったが、それよりは人肉のほうが遺体処理費用まで考えれば経済的といえそうではある……。

第二章

家畜国家「日本」の現実

「1億総貧困化」という日本搾取の陰謀

「裏アベノミクス」による〝階層の固定化〟と〝資産の国外流出〟

「5公5民の江戸時代か!」という怒りの声

戦前の日本はアジア唯一の列強国で世界有数の海軍を保有し、戦後はアメリカに次ぐ世界第2位の経済大国となって「メイド・イン・ジャパン」が世界を席巻する。

そんな「栄光のニッポン」は、2000年以降の21世紀、完全に失われた。

それは数々の経済データが物語っている。平均年収はOECD（経済協力開発機構）の平均値5万1607ドルを大幅に下回る3万9711ドル。しかも、この30年、ほぼ横ばいだったために、2000年には世界トップだった一人当たりの名目GDPも27位まで落ち込んだ（2021年度IMF調査。3万9301ドル）。

何より「令和日本」において深刻なのは、経済発展に不可欠な国際競争力の喪失である。2022年度は、ついに過去最低となる主要63カ国中34位にまで下落した。1995年の世界企業ランキングではトヨタが8位だったが、そのトヨタもついにトップテンから陥落。日本一の企業であるトヨタですら時価総額で見れば世界52位（2023年5月調べ）にすぎない。

さらに問題なのがユニコーン企業（新興企業）の少なさだ。アメリカ488社、中国17

0社、EU164社に対して日本はわずか6社。ITやAIなどの次世代技術を持つ企業すら消滅している。

唯一、まともな経済データが平均株価と地価の不動産価格だが、これらは一部の富裕層や外国の投資家（トレーダー）の所有資産の数値であって日本人の「豊かさ」を示すものではない。

庶民の豊かさでいうならば、税金・社会保障費の国民負担率が重要で、こちらは、文字どおり右肩上がりで増え続け、2021年度はついに48・1％。バブル崩壊後の1997年度でも36％だったことを考えれば、現在のひどさが理解できる。これに森林税や防衛費の大幅増もあって2023年度以降は確実に5割を超える。「5公5民の江戸時代か！」という怒りの声が渦巻くのも当然だろう。しかも、この公費の高負担に加え、ロシアのウクライナ侵攻による急激な物価高とエネルギー高が追い打ちをかけ、庶民生活に大打撃を与えている。

その証拠に低賃金でこき使っていたアジア諸国の外国人実習生すら日本を避け、逆に海外に「出稼ぎ」する日本の若者たちが激増している。オーストラリアの正規雇用者平均年収は円安もあって800万円を軽く超える。日本で就職するよりワーキングホリデーのほうが稼げるようになってしまったのだ。これは風俗で働く女性たちも同様で、中国やアジアの富裕層に「パパ活」をする戦前の「からゆき（唐行き）さん」が常態化しているほどなのだ。

この状況を端的に言葉にすれば「一億総貧困化」となる。

いったい、この日本で何が起こったのか。改めて検証したい。

「財閥の復活」「農地解放の解体」「階層の固定化」

まず、この〝絶望大国化〟の背景にあるのが、日本の支配層である自民党政治家層、高級官僚層、大企業経営一族層、平均年収5000万円を超える富裕層らが結託して「統治方針」を切り替えた影響と分析できる。

この統治方針の変更によって2000年以降の日本は「戦前回帰」に向けて急ピッチで日本社会が改造されており、それが冒頭の悲惨な経済データとなって現れているわけだ。

この戦前回帰とは、「財閥の復活」「農地解放の解体」「階層の固定化」が三本柱。一部では「裏アベノミクス」とも呼ばれている。

日本の国際競争力で重要な役割を果たしてきた中小企業を大企業（財閥）のもとで集約していき、戦前の大地主を農業法人として復活させ、小作人（農業従事者）を使った大規模経営へと転換する。その過程でごく一部の支配階層と大多数の庶民の奴隷階層に固定していく。

日本の統治者たちが強く望んでいるのがこの「階層の固定化」だ。一度、貧困層に落ちたら絶対に這《は》い上がれない社会構造にする。この固定化が最優先されるのには理由がある。

日本人と日本社会の大きな特徴が「下克上体質」にあるからなのだ。一般的に日本人と日本社会は国や所属企業に忠実で、どんな命令にも従う印象がある。しかし一方で日本人は下層にいる人でもチャンスを得れば下克上に成功するケースが実に多い。これは下層階級でも日本人は他国民に比べて知性レベルや勤勉さが高いからだと分析できるだろう。

事実、明治維新を主導したのは下級武士であり、戦後の経済発展を支えたのは「金の卵」

と呼ばれた地方出身の中卒労働者と小企業群だった。戦争で焼け野原になった結果、下層階級に大きなチャンスが生まれ、ソニーやホンダといった新興企業が雨後の竹の子のように生まれた。まさに「日本的下克上」によって戦後の日本は、ユニコーン天国となって1990年代まで世界経済を席巻していくのだ。

とくに1985年のプラザ合意以後のバブル経済期には、各方面で「下克上」を加速させた。時代は違うがホリエモン（堀江貴文）のような人物が、あらゆる分野に激増し、既得権益に手を突っ込むようになったのである。これに支配階層は本気でうろたえ、統治方針を「戦前」へと回帰させる決断をしたといわれている。

バブル崩壊から30年、21世紀に入るや、小泉純一郎政権が誕生し、その後の第二次安倍晋三政権で日本の「戦後体制」は徹底的に潰されていった。

その成果こそ、冒頭の経済指標なのだ。あの悲惨なデータは、支配階層からすれば「素晴らしい」と手放しで評価できるものだとわかる。

日本を繁栄させた田中角栄と派閥後継者たち

日本の成長を支え続けた「戦後体制」を構築したのは、故・田中角栄と、その派閥に属する政治家たちだった。

1970年代以降、「キングメーカー」と呼ばれ、日本政界を主導してきた田中派（のちの竹下派）は、ある意味、戦後の下克上の体現者でもあった。彼らこそ旧支配階層の既得権益を奪い、それを一般庶民にばら撒いてきたからである。田中角栄の権力が健在な時、誰もが普通に働ければ、マイホームを手に入れ、子供たちを大学などの高度な教育機関に入れることができた。これを「一億総中流」と呼ぶ。世界史に残る空前の繁栄であり、経済成功といっていい。

田中角栄の政治手法は、まず国家予算を扱う大蔵省（現・財務省）の大臣ポストを押さえ、人事権で大蔵官僚を従わせる。そして分捕った国家予算を貧困地帯へとガンガン注《つ》ぎ込む。貧困地帯にはまともな産業が少ないために土木事業を通じてお金をばら撒くわけだ。貧しい家庭にお金が回れば旺盛な消費活動を生み出し、景気を押し上げる。

それだけではない。富裕層にすれば「悪夢」のような税制度を構築する。それが「世界一厳しい」累進課税と相続税である。富裕層から税金と資産を奪い尽くして弱体化させ、それを原資に膨大な公共事業を全国にばら撒いて全国の一般庶民を味方につけ、政界を乗っ取る。まさに「今太閤」と呼ばれるに相応しい手腕であり、豊臣秀吉に劣らぬ見事な下克上ぶりであろう。

この田中式政治手法は、竹下登、小渕恵三、橋本龍太郎らに受け継がれてきた。2000年代まで、まがりなりにも日本経済が回り、日本人の生活が相応の豊かさだったのは、田中角栄の後継者たちが中央政界で健在だったからなのだ。

その一方で田中の意志を継ぐ派閥の首領たちは、すべてスキャンダルで政権を潰され、しかも全員が不審な最期を遂げている。かくして、最期の「田中派宰相」の橋本龍太郎が亡くなり、第一次安倍政権が誕生した2006年以降、日本を戦前に戻す陰謀は本格化していくのだ。

奪われた「ゆうちょマネー」と「年金マネー」

下克上を不可能とする階層の固定化は、田中角栄の政治手法を裏返せば簡単に実現する。国内にお金を回らせなくする。それだけでいいのだ。

まず銀行の金利（公定歩合）を下げ、ゼロ金利からマイナス金利にする。そうすれば預金は株式やファンドなどに流出し、銀行は企業に融資する原資を失う。企業は設備投資どころか、銀行の貸し渋りを懸念して研究開発といった将来に向けた投資をなくし、社員や社会に還元すべき利益を内部留保の形で貯め込む。企業の業績が悪化すれば株価が低迷し、外国投資家やファンドに株を押さえられ、株主配当の形で溜め込んだお金を吐き出させるという悪循環に陥っていく。

さらなる手順として、「世界最大の公的資金」と呼ばれた郵便貯金と年金マネーの収奪がある。田中式政治が健在だった頃、郵貯・年金は財政投融資の原資となって日本全国の公共事業投資へと回されてきた。これが地方経済を活性化していたわけだが、郵便局と公的年金は小泉純一郎政権時にいずれも民営化となる。「ゆうちょマネー」は利益を求めて外国（アメリカ）の株式市場へ流れ込んだ。年金マネーは186兆円という「世界最大の機関投資家」となった年金積立金管理運用独立行政法人（GPIF）が運用。第二次安倍政権時代、GP

IFは外国の株式市場投資ができるよう規制緩和され、これによって年金マネーは一気に国外へ流出した。

道路や橋、鉄道、ダムなどのインフラ投資は、国富（ストック）の形でGDPを押し上げる。その公共事業の原資が、外国市場への流出で激減していたのだ。日本の経済成長が止まるのも当然だろう。

そもそも国債発行を「国の借金」という主張自体が間違いなのだ。例えば5000万円の住宅ローンを組んだ5人家族を「ひとり1000万円の借金を抱えた貧乏家族」とはしないだろう。むしろ銀行は、この住宅ローンを原資に企業への融資額を増やしていく。5000万円の現金がなければ誰も家を買えない状況となれば、経済は落ち込む一方となる。国債発行が「国の借金」となるのは、外債建て（ドルやポンド）で外国人が購入した場合の話であり、戦前の日露戦争時の戦時国債がこれに当たる。

国債発行は国内への通貨供給を目的としているもので、海外取引が増えれば、当然、国内に流通する通貨（円）が減少する。その目減り分を「赤字国債」の形で市場にばら撒いているだけで、逆に円の供給量が増えすぎてインフレが高まれば償還することになる。公定歩合よりも効果的な国債発行を、なぜ「悪」のように語るのか。

それは支配階層以外の日本人を「貧困」に叩き落とすための方便に悪用しているためだろう。その証拠に「国債悪玉論」がバブル崩壊期の1990年代以降、積極的に流布するようになった点からもわかる。ディープ・ステートの意を受けた財務省は、日本の復活を潰すためにこんな妄言を平然と垂れ流し続けているのだ。

また第二次安倍政権下の2014年には農業法人が認可され、外国資本が相次いで日本の農地を買いあさり、「農奴」として日本人を農業法人で雇うようになっている。

そして2022年12月の安保3文書で日本の軍事大国化が確定した。軍隊は生産活動をしない以上、景気を悪化させることはあってもよくすることはない。せいぜいアメリカの軍需産業を潤わせるだけであろう。

戦前回帰という統治方針の変更にディープ・ステートの存在が関わっているにせよ、この「1億総貧困化」という陰謀は、日本人自らの手で行われている。

ディープ・ステートの犬＝ポチたちによって、だ。

「岸田文雄」が壊す日本の〝平和路線〟

首相を「リベラル」から「軍国主義」に変節させた〝謀略〟の存在

日本を「戦争のできる国」へと大転換

「戦後民主主義の破壊者」――。

そんな異名で呼ばれているのが、2021年10月4日、栄えある第100代目の内閣総理大臣となった岸田文雄である。

戦前の日本はアメリカ、大英帝国、ソ連（現・ロシア）と三大軍事大国すべてと戦争状態となるという世界史レベルの愚を犯した。その反省から戦後の日本は、いわば〝日本式民主主義〟を国是としてきた。

簡単に説明すれば、紛争の解決手段としての戦争を放棄した「平和憲法」の護持となる。善隣外交を基本に、例えイデオロギーや国家体制が違っても「敵国」として扱わない。唯一の被爆国として核兵器の保有はせず、また戦争当事国への兵器・武器弾薬の輸出といった軍事支援はしない。そして自衛隊は「専守防衛」で国防のみを行う存在とする。これらを戦後民主主義として堅持してきたのが戦後の日本だった。

この「平和国家ニッポン」のあり方を岸田政権は、物の見事にぶち壊した。

それが２０２２年12月16日、閣議決定した「安保3文書」となる。防衛予算を実に5年間で43兆円、ＧＤＰ換算で従来の倍となる2％にするとした国家安全保障戦略（ＮＳＳ）で日本を「戦争」のできる国へと大転換した。ロシアだけでなく中国を明確に「敵国」として認定し、戦争当事国のウクライナへの全面支援をゼレンスキー大統領に約束するなど、軍国主義だった戦前の総理と同レベルとなった。

岸田を大暴走させた「位打ち」という謀略

本来、岸田文雄は先の「日本式の民主主義」の堅持をポリシーとしてきた自民党ハト派派閥「宏池会《こうち》」のドンなのだ。政治家としても一貫してリベラルなスタンスを取ってきた。しかも小泉純一郎、それに続いた故・安倍晋三を輩出してきた日本の軍事化と軍国化（アメポチ化＝対米追従）を是とするタカ派派閥の「清和会」とは対立関係にあったぐらいなのだ。

実際、２０２１年8月下旬の総裁選挙では、タカ派政治家の河野太郎、高市早苗、野田聖子らの候補者との差別化で「アメリカの新自由主義との決別」「過度な対米追従はしない」「中国との関係改善」といった従来のリベラルな政治スタンスを強調してきた。それで総裁選に勝利したにもかかわらず、総裁選の公約をすべて放棄したのだ。大変節漢と呼ばれるのも当然であり、何より戦後の日本式民主主義まで完全に崩壊させる大暴走の結果、岸田を支えてきた宏池会や自民党リベラル派はパニックに陥り、派閥としての機能を喪失しつつあるという。

自民党きってのリベラル政治家だった岸田がなぜ「暴走」したのか。

いま、政界でささやかれているのが「位打《くらい》ち」である。中世から使われてきた日本伝統の政治手法で「敵対する勢力を自滅させるために、あえて高い地位を与えて人格を崩壊させる」という謀略である。

この位打ちは、過去にも社会党の村山富市を担ぎ上げて総理にした「自社政権」、また2009年の旧民主党政権も「位打ち」だったといわれている。その証拠に村山政権後、自民党に次ぐ第二党であった社会党は壊滅、民主党も崩壊している、身の丈にそぐわない地位は、暴走を誘発して自ら存在意義を喪失させてしまう。日本の政治家には実に有効な謀略なのだ。

岸田文雄は官僚一族の出身で元銀行マン（日本長期信用銀行）。その経歴から、面倒な調整を得意とし、政策立案と高い実務能力を政治家としての特徴としている。安倍政権時代の外務大臣や自民党政調会長（党内席次3位）で力を発揮するタイプといっていい。

それが位打ちをくらったことで、なまじ真面目な性格ゆえに「この国難に総理としてリーダーシップを発揮しなければ」と得意の調整を投げ捨て独断専行を続けている。実際、それまでの温和な語り口が、総理になって以降、無駄に力んで声を張り上げるようになった。完全に我《われ》を失っているのだ。

「位打ち」によって自民党リベラル勢力は壊滅

本来の岸田の役割はタカ派勢力の〝ブレーキ役〟だった。安保3文書といった軍事政策は河野太郎のようタカ派政治家に任せて、岸田は党内のリベラル勢力と調整しながら「現実路線」に落とし込む。しかしブレーキどころかアクセル状態になったのが岸田政権の実態であり、岸田政権が暴走するのも無理はなかったのだ。

ともあれ、この位打ちによって自民党リベラル勢力は近いうちに壊滅するとされる。そうなれば政権与党はアメポチの「対米追従」一色に染まる。岸田政権崩壊後、どんな過酷な要求をアメリカにされても唯々諾々と従う「奴隷政権」が続くのだ。日本の富と国民の命がディープ・ステートによって奪い尽くされる「絶望国家ニッポン」が間もなく誕生する。

位打ちという政治謀略を仕掛けたのは誰なのか。ミステリーの「答え」は、いつだって「最も利益を得た者」である。

「安倍元首相暗殺事件」真犯人の存在
「当たるはずのない弾丸」と「消えた弾丸」の謎

ケネディ暗殺事件のようなミステリーへ発展

2022年7月8日、参院選の応援演説で奈良県を訪れていた安倍晋三元首相は、駅前での演説中に自作銃を手にした山上徹也被告に銃撃され、帰らぬ人となった。この事件に対して、発生直後からネット上などで「真犯人は別にいる」「複数犯ではないか」「あの銃では撃っても致命傷にならない」といった疑惑が広がり、ケネディ暗殺事件のようなミステリーへと発展している。

この事件における最大のミステリーが「2発の銃弾」の謎だ。山上被告は一度に6発の弾丸が発射される自作銃を一度撃ち、安倍元首相はそれに気づいて左向きに振り返った。直後に2度目の発射があり、うずくまるように倒れた。これは映像で記録されている。

安倍元首相は搬送後に死亡が確認され、司法解剖によって、右前頸部から入って右上腕骨にまで至っていた弾丸が体内から発見された。だが、前述したように安倍元首相は左向きに振り返った直後に撃たれており、その体勢で首の右側に弾が当たるのは「あり得ない」と指摘されている。しかも、安倍元首相は演台の上にいたのに弾の角度は上から下に向かっており、山上被告の位置からは考えられない銃撃角度だ。つまり、別人が撃った可能性がある。

もう一つの謎の弾丸は、致命傷になったとされている1発だ。司法解剖の結果、安倍元首相の左上腕部から体内に入った銃弾が左右の鎖骨下にある動脈を損傷し、失血死に至らしめたとされている。この安倍元首相の命を直接奪った弾丸が「行方不明」なのだ。

安倍元首相の体には、弾が貫通した時にできる「射出口」が確認できなかった。当然、そうなれば弾丸は体内に留まっているはずなのだが、司法解剖では発見されず。事件現場で体外に流出した可能性もあるが、警察が血眼になって捜索しても弾丸は見つからなかった。元首相の暗殺という重大事件で、司法解剖や現場捜査で見落としがあるとは考えにくいが、致命傷となった弾丸は忽然《こつぜん》と消えたのである。安倍元首相に当たった弾丸は2発とされているが、そのうちの1発は「当たるはずのない弾丸」で、もう1発は「消えてしまった」というわけだ。

こうなると、本当に山上被告の暴走による単独犯行というシンプルな事件なのかと疑問が浮かんでくる。山上被告は旧統一教会への恨みによって、安倍元首相を殺害したことになっているが、逮捕以来多くを語らないまま。結果的に旧統一教会はその存続を問われるほどの過熱報道に晒《さら》されたが、この対価として「真犯人の身代わりになった」と考えれば筋が通る。あの銃撃事件の現場には、山上被告とは別の「真犯人」が潜んでいた可能性が高いのだ。

「安倍晋三」が目指した独自戦略
ディープ・ステートの意図から離れた政治活動

反ディープ・ステートのトランプとの蜜月関係

田中角栄や橋本龍太郎など独自の政策を進めようとした日本の政治家たちは、これまで全員が非業の死を遂げてきた。

どこかの国家のトップになればディープ・ステートからバチカン銀行の通帳を渡されるとの話がある。金額は国の規模によって異なるが小さな国でも100億円規模だとされる。もちろんタダで与えられるわけはない。「我々の言うことを聞かないとどうなるかわかっていますか」という脅しがついてくる。

安倍元首相は2006年に発足した第一次政権において「美しい国づくり」を宣言し、日本の伝統を重んじる姿勢を示した。これはディープ・ステートの求めるグローバリズムに真っ向から反するものだ。「戦後レジーム（体制）からの脱却」のポリシーについても「歴史修正主義者」のレッテルを貼られることになった。

その反省もあってか2012年からの第二次政権ではまずアメリカの基準に則った経済政策である「アベノミクス」を強力に推進し、日本市場をグローバル化に向けて開放した。安全保障においても国内の反対を押し切って集団的自衛権の行使を可能にするなど、おおむねアメリカの意向に沿った政策を実現した。

だがその一方で、2016年の米大統領選で反ディープ・ステートを標榜《ひょうぼう》するドナルド・トランプの当選が決まると、すぐさま会談を行った。その後のトランプとの蜜月は、日本からジャパンハンドラーたちを追い出すことにも繋がった。「アメリカの言うことは聞くが、あくまでも日本独自の判断でやらせてもらう」というのが第二次安倍政権の基本姿勢だったといえそうだ。

アメリカにおけるトランプの攻勢とディープ・ステートの衰退により、外交においても自主性を発揮した。中国・韓国の仕掛ける歴史戦に捉われず、これまでの首相たちがあまり重視してこなかったインドや東南アジア、オーストラリア、アフリカなどの国々と積極的に関わるとともに、日本がリーダーシップを取って日米豪印による「Ｑｕａｄ（クアッド、日米豪印戦略対話）」のような新しい世界の枠組みを作ってみせた。

ディープ・ステートの意向を汲みつつも、それと並行して新たな世界戦略を打ち出した安倍元首相は、戦後史を通してみても稀有な政治家であった。そんな安倍元首相が2度の政権をいずれも体調不良で退いたことは、果たしてたまたまの不運だったのだろうか。

「ラーム・エマニュエル」の正体
駐日米国大使を新たなジャパンハンドラーに

攻撃的な毒舌から「ランボー」の異名

2023年4月、「東京レインボープライド2023」なる市民デモに参加したラーム・エマニュエル駐日米国大使。LGBTQについての個人的な思想を唱えるのは自由だが、そこで「早期に法制化を」と言及したのは明らかな内政干渉であり、普段は徹底して弱腰の自民党議員からも「即刻帰国させろ」との批判が起こった。

エマニュエルはバラク・オバマ政権で大統領首席補佐官などを務め、バイデン大統領の指名を受けて、2022年3月から駐日大使に就任。イスラエルとの二重国籍を持つシオニストで、「ユダヤロビー」を自称している。

ビル・クリントン政権で上級顧問を務めた際には、その攻撃的な毒舌から「ランボー」の異名で呼ばれることもあった。「エネルギッシュでアクティブ」「狙いを定めたら決して離さない粘り強さ」などとその交渉術は高く評価されるが、タフ・ネゴシエーターが政治家としても優秀とはかぎらない。

2014年、シカゴ市長時代に起きた「ラクアン・マクドナルド殺人事件」では、白人警官が17歳の黒人少年に16回も発砲して死なせたことから警察暴力への抗議のデモが起きる騒動となった。しかしこの時、エマニュエルは記者会見で「感情豊かなのはいいことだが、落ち着いた行動を取り続けるのが大事だ」とまるで他人事のように話して大いに顰蹙《ひんしゅく》を買うことになった。また証拠ビデオを隠蔽した疑いからも批判を浴びている。

同じくシカゴ市長時代、エマニュエルは地下鉄事業において中国人民解放軍との関係が深い企業に委託したことで批判を受けた。また、教育改革と称して教師に採点制を取り入れたことにより現場を大混乱に陥れた。

何かと問題の多い人物であるために、身内であるはずの民主党からも「大使に任命するのは日本に対して失礼だ」との声が上がったとの話もある。

それでも駐日大使になれたのは、バイデン政権がエマニュエルのロビイストとしての交渉力を見込んで、新たなジャパンハンドラーに育てたいとの意向があったからだと伝えられる。

ＬＧＢＴＱ問題への言及はいわゆる観測気球にすぎず、これに対する政治家の反応や世論の動向を見定めようとしているとされる。そんなエサに早速食いついて、会談に応じたうえに法案提出を約束した立憲民主党の泉建太代表などは、さぞかしいいカモに見えただろう。

「ジャパンハンドラー」不在の真相
ディープ・ステートの衰退で日本支配の実行者が失脚

日本の政府や社会の弱点を知り抜いた「知日派」

ディープ・ステートによる日本支配の歴史は江戸の末期までさかのぼる。グラバー商会が坂本竜馬や薩長の志士たちを操って明治維新を起こし、新政府にはグラバーの背後にいるロスチャイルド家が深く介入した。彼らが日露戦争などの戦費を調達したのは、アジア市場への投資拡大を狙ってのことだった。

昭和に入るとロックフェラー家が石油の調達をエサにして日本の政財界に食い込み、近衛文麿などの政治家や山本五十六ら軍人たちを操って、日米開戦へと持ち込むことに成功する。日本の敗戦後にはロックフェラー家がさらに日本支配を強めていった。そのやり口は、高度経済成長を演出して国全体を肥え太らせたところで根こそぎ収奪するというもの。バブル期に三菱地所がロックフェラーセンタービルを買収した時は、「ジャパン・アズ・ナンバーワン」と浮かれたものだが、その実状は日本のマネーをアメリカへ渡すための作業にすぎなかった。日本をバブル崩壊に導いた1985年の「プラザ合意」ももちろんディープ・ステートによる演出だ。

小泉純一郎と竹中平蔵の時代には「規制緩和」の名目で欧米式の企業支配の手法を持ち込んで、日本の上場企業の多くが海外ファンドや外国企業に乗っ取られた。労働市場においても非正規労働の枠を広げたことで、多くの国民が中流以下になった。

日本支配の実行部隊は「ジャパンハンドラー」と呼ばれる。彼らは日本の政府や社会の弱点を知り抜いたうえで、表では「知日派」として日本を喜ばせながら、裏ではディープ・ステートの意のままに日本を操ってきた。実質のトップはヘンリー・キッシンジャー元国務長官。他にはハーバード大学のジョセフ・ナイ教授、リチャード・アーミテージ元国務副長官、カート・キャンベル元国務次官補らが手練れのジャパンハンドラーとして知られる。

だがここに来て風向きが変わり始めた。日本支配を直接担当していた米戦略国際問題研究所のマイケル・グリーンが日本を離れ、キッシンジャーが岸田政権のコントロールのために送り込んだリチャード・ハースもこれに失敗して外交問題評議会の会長を辞任している。

これは日本がジャパンハンドラーに打ち勝ったということではなく、ロックフェラー家＝ディープ・ステートの衰退によるところが大きい。どうであれ日本が実質的な植民地支配の状態から解放される日は遠くないという予測もある。ハゲタカファンドに奪われた財産を取り戻した時、日本の新たな躍進が始まることを願いたい。

「三極委員会」による日本支配
アメリカに搾取され続けてきた構図

日本を飼い慣らす「ジャパンハンドラー」たち

三極委員会（TLC）は1973年にデイヴィッド・ロックフェラー、元大統領補佐官ズビグネフ・ブレジンスキーらにより当初「日米欧委員会」として結成。ビルダーバーグ会議が日本の参加を拒んだため、日本を入れた会合の場として創設されたものとされ、その資金はロックフェラー家やフォード財団が工面した。なお、ブレジンスキーは複数の米大統領のもとで要職に就いたほか、1989年に東欧の共産主義体制が相次いで打倒された〝東欧革命の黒幕〟ともいわれる人物である。

三極委員会の事務所は、ニューヨークのカーネギー財団やビルダーバーグ会議の事務所と同じ住所にあり、それらと密接な関係にあるのは明白だ。創設メンバーには元駐日米大使エドウィン・ライシャワーがおり、米民主党政権で要職に就いてきたジョセフ・ナイもいる。どちらもアメリカが日本を飼い慣らすための交渉役「ジャパンハンドラー」として知られている。

現在、アメリカ側の代表は、2003年のイラク戦争時にイラクに滞在して戦後処理を行ったメーガン・オサリバン。ヨーロッパ側が元欧州中央銀行総裁のジャン＝クロード・トリシェ、日本側がＪＩＣＡ（国際協力機構）の理事長で東大副学長でもあった田中明彦が務めている。かつては、首相の宮澤喜一、ソニー創業者の盛田昭夫もメンバーだった。

三極委員会は、政治よりも経済へのアプローチに重きを置いており、創設メンバーのなかにはＦＲＢ（アメリカの中央銀行）議長となったアラン・グリーンスパンや、同じくＦＲＢ議長となったポール・ボルカーなど、金融界の重鎮といえる人物が含まれる。

また、以前のヨーロッパ側の代表ピーター・サザーランドはロスチャイルド系とされる石油会社ＢＰや、大手投資銀行ゴールドマン・サックスの会長を務めた人物だ。そのことから、三極委員会は、アメリカのドル体制の維持と米多国籍企業が利益を上げるための仕組みを考え、その実行が容易になるように日本へ規制緩和や法改正を促すことを目的としているという見方がある。なお、２００９年からは中国とインドも三極委員会に参加している。

その三極委員会は１９７３年から翌年にかけて、「世界の金融制度の改革」「アメリカの資産を『持たざる国』の急進化へ用いる」「共産圏との通商関係強化」「全世界を管理するためエネルギー危機を生じさせる」という目標を発表した。実に不穏な内容だが、すでに多くは何らかの形で達成されていると考えていいだろう。

都市伝説・考察系ユーチューバー「世界ミステリーch」が語る最終真実

「ロシア」「ウクライナ」で紛争が起こり続ける歴史的背景

「ウクライナ侵攻」泥沼化の本質はロシアと欧米の対立

大国ロシアの誕生と変遷の歴史

2022年2月に始まったロシアによるウクライナ侵攻。1年以上経ったいまもなお、戦況は落ち着きを見せていません。とはいえ国際事情とは難しいもので、あまり興味がない人だと、なぜロシアがそこまでウクライナを欲しがるのか、よくわからないという人も多いでしょう。そこで今回は、この戦争の背景にスポットを当てていきます。

そもそもウクライナの首都キーウ（キエフ）はロシアが治めていた地域。9世紀頃、バルト海から来た北欧のノルマン人が、先住民だったスラブ人を征服したことがきっかけで、キーウを中心にロシアという国の始まりとされるキエフ大公国を築き上げました。つまりロシアは、「ノルマン人がスラブ人を征服してできた国」といえます。

このノルマン人は、もともと北欧を拠点にイギリスを征服していたため、元をたどればロシアは西欧の一部。さらに先住民はスラブ人なので、そちらのアイデンティティも併せ持ちました。

宗教面を見ると、キエフ大公国は10世紀末から11世紀初めに統治した大公ウラジーミル1世が、ビザンツ帝国の皇女を后に迎えギリシャ正教に改宗し、のちのロシア帝国はビザンツ帝国の後継を名乗ったため、ギリシャとは同じ正教会仲間といえます。

加えて、ロシアはかつてモンゴルに支配された歴史があり、その後15世紀に独立したモスクワ大公国では、モンゴルの王である「ハン」と血縁にある大公も誕生しているので、アジアに対しては「ハンの後継者」でもあります。

ここまでの流れで一目瞭然ですが、国として後発だったロシアが世界で頭角を現したのは、様々な方面に〝顔が利く〟存在だったことが大きく影響したと言えるでしょう。

さらに17世紀に入ると、ロシアは戦争で有利な「不凍港（季節を問わず海面が凍らない港）」を求めて南下する「南下政策」を戦略の軸としました。黒海方面、バルカン半島および中央アジア、東アジアへの勢力拡大を目指したのです。

この時期、ロシア帝国のピョートル大帝は、バルト海に面したサンクトペテルブルクに軍港を開き、バルチック艦隊を編成。バルト3国とフィンランドを牽制《けんせい》し、海への出口を確保しました。勢いづいたロシアが次に狙いを定めたのは黒海。ここを手に入れ、トルコのボスポラス海峡、マルマラ海を通ってダーダネルス海峡を抜ければ、地中海に出ることが可能になったためです。さらに、あとを継いだ女帝・エカチェリーナ2世もまた南下政策に力を注ぎ、ウクライナやクリミア半島を獲得するなど、着実に海の覇権も手にしていきました。

とはいえ、ロシアがすべて順風満帆に力を伸ばしてきたわけではありません。19世紀以降は欧州の覇権においてイギリスに屈し、日露戦争では太平洋艦隊とバルチック艦隊が敗れ、太平洋進出は叶わず。バルカン半島への進出もクリミア戦争と露土戦争によって阻止されています。

第一次世界大戦中の1917年にはロシア革命が起きソビエト連邦が誕生。初代指導者のレーニンは親西欧派、その後のスターリンはスラブ派で西欧との対決姿勢を取っていました。そして第二次世界大戦後は東欧諸国がソ連に組み込まれ、欧米西側諸国と対峙し冷戦に。冷戦はミハイル・ゴルバチョフの時代に終わりましたが、ボリス・エリツィンの時代にはアメリカ流の市場経済を導入しています。この2人は親西欧派だったために、西側諸国の評価が高かったのですが、国内での人気はいまひとつでした。

当時は国営企業の民営化が進められたことでユダヤ系の新興財閥オリガルヒが続々と登場しましたが、莫大な富を独占し政治にも影響力を持ったオリガルヒに対する国民からの批判は大きく、チェチェンなどの独立運動も重なり国中が荒れていました。そんななか、混乱を収めたのがいまのプーチン大統領で、ユダヤ系の新興財閥の資産を国有化し国民の不満を解消し、周辺諸国の独立運動も力でねじ伏せました。そして現在、スラブ派であるプーチンは、かつての強いロシアを復活させるために欧米との対決姿勢を取っているというわけです。

親ロシア派の東部と親欧米派の西部の対立

ここまでロシアの激動の歴史を見てきましたが、いままさに戦争が起きているウクライナは、ソ連崩壊後の1991年に独立した国でした。ただ、これでウクライナ地域の安泰が確約されたわけではなく、独立以降も東部と西部では対立が続くことになりました。東部が親ロシア派のロシア系住民、西部が親欧米派のウクライナ人住民という構造です。

この対立のなか、2004年の大統領選では、東西の候補が激しく争う形となりました。東部の候補は、親ロシア派与党のヴィクトル・ヤヌコーヴィチ。若い頃に強盗で2回実刑を受けているようなイケイケの人物でした。対して西部は親欧米派でヨーロッパへの帰属を唱える、野党代表で前首相だったヴィクトル・ユシチェンコで、選挙期間中に盛られた毒が原因で顔が変形したといわれる人物です。この2人が争い、僅差で与党のヤヌコーヴィチが勝利しました。

しかし、この選挙の結果を受け、ユシチェンコの支持者たちは「不正選挙だ」と訴え、激しい抗議活動を展開する事態に。野党支持者がオレンジをシンボルカラーにしていたこの活動は、その色から「オレンジ革命」と呼ばれました。

オレンジ革命には、野党勢力を支持するEUやアメリカも後押しし、最終的には野党の提案が受け入れられることに。再度投票が行われ、野党のユシチェンコが大統領に選ばれました。

オレンジ革命は民主革命の一つといわれますが、見方を変えると欧米が取った対ロシア戦略といえます。実際のところ、ユシチェンコはユダヤ系金融資本のジョージ・ソロスから資金援助を受けていたとされ、抗議活動には欧米の政府や基金などが支援をしていたようです。

これに対し、今度はプーチンがヤヌコーヴィチを支援し、2010年に大統領の座に就かせ、親ロシア派の政権が出来上がるという逆転劇もありました。

こうなると当然、西部のウクライナ人は反発してくる。その対処法としてヤヌコーヴィチはEU加盟を公約に掲げました。しかし、2013年にEU加盟の方針を撤回したことで、西部のウクライナ人は激怒し、反政府運動が勃発してしまいます。これが2014年のウクライナ騒乱、またはマイダン革命といわれるもの。キーウで勃発し、ウクライナ政府側とユーロマイダンデモ参加者の暴力的衝突の結果、ヤヌコーヴィチは失脚することになります。

こうして親EU派のウクライナ暫定政権が成立したものの、今度は東部のロシア系住民が反発し、ロシアの支援を受けながら分離独立運動を展開。事実上の内戦状態に突入し、2014年のロシアによるクリミア併合も含めたこの一連の出来事が「ウクライナ紛争」と呼ばれています。

クリミア併合後、ウクライナの東部で戦闘がより激しさを増し、親ロシア派の武装組織とウクライナ軍が激突を繰り返しました。2014年9月に停戦合意（ミンスク議定書）するも、一向に戦闘は終わらず、2015年2月にはフランスとドイツの仲介により2度目の停戦合意（ミンスク2）に至りました。内容は、戦闘を終わらせウクライナ政府が改憲し東部に大幅な自治を認めることと、親ロシア派が行っていた国境管理をウクライナ政府に戻すというものでした。

この合意後、戦いはおおむね鎮静化したものの、紛争地域の一部では小競り合いと砲撃が続いていました。実態としては、まったく停戦などしていなかったというわけです。

東部にいたロシア軍は引き上げる気配もなく、違法な独立派組織の武装解除も行われていませんでした。一方のウクライナ軍側にも不満の声は続出しており、現大統領のゼレンスキーも当初は融和派でしたが、その考えを改め、ミンスク2の反故《ほご》に動きました。

そして現在のウクライナ危機はまだまだ解決の見通しが立ちません。東西それぞれを支援するロシアも欧米も一歩も引かない状態といえます。

米露の軍事戦略が真っ向から対立する地域

ウクライナという場所は結局、ロシアとNATO加盟国の中間にある緩衝地帯なわけで、どうしても紛争が避けられない運命にあるといえます。実際、第二次世界大戦の独ソ戦もこウクライナで繰り広げられました。この時、ウクライナ人はソ連兵として戦いに参加し1000万人以上が戦死。最前線で戦ったことで最大の犠牲者を出した悲劇の民族ともいわれるのです。

ソ連崩壊以降も、東欧の国々が次々にNATOに加盟していった結果、NATOの勢力図はロシア国境の目前に迫っている状態です。バルト三国などはすでにNATOに加盟しているので、NATOの勢力線はウクライナにまで迫り、そこで紛争が起きているわけです。

プーチンはこれ以上のNATOの勢力拡大を防ぐためには絶対に引けないと、西側に睨《にら》みを効かせています。逆に西側諸国は、ロシアに経済制裁などで圧力をかけている緊張状態です。

また、ウクライナ東部はエネルギー資源が豊かというのも大きな問題の一つ。ロシアはパイプラインでEUに天然ガスを供給しているので、これを頼りにしている国はロシアに強く出られない。加えてウクライナを流れるドニエプル川は、北にしか海のないロシアにとって重要な輸送路でもあります。だからこそ、ウクライナはバルカン半島と並んで重要な地域であると同時に、アメリカを主軸としたNATOとロシアの軍事戦略が真っ向から対立する地域でもあるのです。

改めてウクライナをめぐる歴史を振り返ると、本当に解決の糸口が見つかりません。結局、私たちはこの問題に対して第三者でしかありませんが、北方領土問題や輸入品の物価高騰など、様々な問題で関係しています。とはいえ、過去の歴史を振り返ると、そもそも人間である以上戦争がなくなることはあり得ないのも正直なところではありますが、早期に落とし所が見つかることを祈っています。

世界ミステリーch（せかい・みすてりー・ちゃんねる）

「物事を多角的に捉えて気づきのヒントになる動画」をコンセプトに、世界の歴史を中心とした神話、伝説、宗教にまつわる動画を展開。また、都市伝説や歴史をはじめとした動画を深掘りし、本当か嘘かの検証も行う。YouTubeチャンネル「世界ミステリーch」の登録者数は31・9万人（2024年8月現在）

第三章

世界の「支配者」たちの最終真実

ウラジーミル・プーチン（ロシア大統領）
専制国家的「ロシア帝国の再興」を目指す独裁者

権力の座に就くにために200人以上を排除・殺害

ウクライナ侵攻から1年となる2023年2月、ロシアのプーチン大統領は年次教書演説において、国民に団結を求めるとともにウクライナへの軍事侵攻の正当性を強調。戦闘継続の意向を表明した。

日本の報道では「プーチンが悪い」と繰り返されるばかりで、「戦争は始めたほうが悪い」というのが国際的な合意である。しかしプーチンに侵略の意図はなく、「ソ連邦の一員だったウクライナの体制変更を許さない」という考えが根本にあるのだ。

西側以外の国々においては「西側の専横に対抗するために戦う民族主義者」という見方も少なからずあり、「国家のために戦う」プーチンの姿勢を支持する声が多々聞かれる。

プーチンの背後にはロシア正教会やロシア帝国時代の貴族の末裔《まつえい》たちがついているとされる。プーチンがロシア正教会の熱心な信者であることは、演説などで度々宗教的なフレーズを使っていることからも明らかだ。

ソ連解体以降、ロシアの富は民営化の名のもとでディープ・ステートの息のかかったオリガルヒ（新興財閥）によって徹底的に収奪された。そんなオリガルヒを排除して、ロシア帝国の再興を目指したのがプーチンだ。とはいえ、プーチンがロシアの国民的英雄なのかといえば必ずしもそうではない。KGB出身というキャリアとロシア正教会の力を利用して、権力の座に就くために自分の邪魔になる重要人物たちを２００人以上排除したといわれる。もちろん排除のなかには殺害も含まれる。

共産主義体制が崩壊したとはいえ、プーチン政権は西側の民主主義体制とは程遠く、反体制的な記者が暗殺されることも珍しくない。専制国家的社会システムはソ連時代のままなのである。

プーチンは悪魔か英雄か――どちらが正しいというわけではなく、２つの現実が並行して存在する。それが世界の真実なのだ。

２０２３年5月27日、ベラルーシのアレクサンドル・ルカシェンコ大統領がプーチンとの密会後、体調不良によりモスクワ市内の病院へ運び込まれた。5月9日のロシア対独戦勝記念日の祝典ではまともに歩けないほど体調悪化が顕著だったルカシェンコだが、プーチンに呼びつけられれば馳せ参じざるを得なかったわけだ。西側メディアは「プーチンの影響力低下や大統領辞任」などを伝えるが、まだまだその権力は絶大だ。

ウォロディミル・ゼレンスキー（ウクライナ大統領）

ロスチャイルド家の支援でコメディ俳優から大統領に

ウクライナの敗戦はゼレンスキーが逮捕された時

２０２３年５月19日、サウジアラビアで開かれたアラブ連盟の首脳会議に招かれたゼレンスキーは「残念ながら、みなさんのなかにも（ロシアによる）不法な占領や収容所に目をつむる人たちがいる」とアラブの首脳たちを前に批判的なスピーチを行った。とても支援を仰ごうという者の態度とは思えないが、そもそもゼレンスキーは政治家ではない。

ゼレンスキーはテレビドラマ『国民の僕《しもべ》』で大統領役を演じた元コメディ俳優であり、同番組のスポンサーはロスチャイルド家傘下のソロス財団であった。そうしてロスチャイルド家のバックアップにより、ゼレンスキーは政治家経験のないまま大統領選挙に当選した。ユダヤ系ウクライナ人とされるゼレンスキーだが、正確にはアシュケナージ系ユダヤ人の末裔。つまりディープ・ステートの人間たちと同じ出自である。

大統領就任後も用意されたシナリオに沿って行動し、実質的にはタレントのままなのだ。発言もロスチャイルド家の意向を反映するだけの広報マンにすぎない。ウクライナ侵攻が始まって以来、各国首脳やアラブの王族らとの面会の場でもスーツを着用せず、Ｔシャツやトレーナーなどラフな服装で通しているが、これも「役者としてのキャラクター設定」である。ウクライナ開戦以降、ディープ・ステートへの忠実な行動に対する報酬として、10億ドルを超える個人資産を手にしたといわれている。

2023年5月の広島G7サミットに参加したゼレンスキーはバイデン大統領との首脳会談の冒頭、「あなたのリーダーシップ、そして新たな軍事支援に感謝する。アメリカのおかげでウクライナは戦場で戦うことができている。我々は決して忘れない」と謝意を伝えた。アラブでの態度とはまるで人が違ったようだが、ディープ・ステートの〝本元〟であるアメリカに対してそうした態度に出るのは、ゼレンスキーにしてみれば当然のことだった。

しかしディープ・ステート＝バイデン政権の衰退が明らかになったいま、ゼレンスキーの未来は明るいものではない。

現在、西側諸国のウクライナへの支援金の大部分がどこかへ消え、その行方を追う捜査が続いている。ゼレンスキーのスポンサー兼金庫番であるオリガルヒのイーホル・コロモイスキーも捜査対象にされており、ゼレンスキー逮捕にまで繋がった時、全世界がウクライナの敗戦を知ることになるだろう。

セルゲイ・ラブロフ（ロシア外務大臣）
政権内でプーチン以上の権力を持つ強硬派

現在ロシアの政権運営において、実質的に指揮を執っているのはプーチンではなくラブロフ外務大臣だとする声がある。

実際ラブロフとプーチンが一緒に映った写真を見ると、プーチンがラブロフに対して一歩引いているのは明らか。小柄のプーチンと巨漢のラブロフという対比によるイメージもあるが、日本との北方領土交渉においても、ラブロフの強権ぶりは際立っていた。プーチンが安倍元首相に対していくらか融和的な姿勢を見せていたにもかかわらず、ラブロフは2019年5月の河野太郎外相（当時）との会談で「北方領土は大戦の結果として正当に得たものであり、確固たるロシアの領土だ」とプーチンとは真逆の強硬姿勢を見せた。2022年9月には、第二次世界大戦を例示して「日本の軍国主義の犯罪は時効がないものであり、忘れてはならない」と、改めて北方領土がロシアに帰属することの正当性を主張している。

世界の裏も表も知り尽くした反ディープ・ステートの重鎮

73歳の高齢ながら、イランやアフリカ諸国を飛び回るラブロフ。これは西側に対抗する新しい枠組みとして一大勢力の形成を目指した動きであり、また現在のアフリカの多くの国では国防のための欧州軍をロシア傭兵部隊のワグネルへ入れ替えるなど一定以上の成果を出している。

ウクライナ侵攻では一貫して「ウクライナの非ナチ化」を唱えている。2022年5月、イタリアのテレビ番組から「ユダヤ人のゼレンスキー大統領をナチ勢力と呼ぶのは矛盾する」との主旨の質問を受けると、ラブロフは「ゼレンスキー大統領がユダヤ人であることは、ウクライナがナチスの要素を持っていることを否定しない」「私の記憶が正しければ、ヒトラーもまたユダヤの出自だった。最悪の反ユダヤ主義者はユダヤ人のなかから出てくると、私はかつて賢明なユダヤ系の人々から聞いたものだ」と答えた。

一般に伝わる歴史の常識とはかけ離れているようにも見えるが、しかしこれらの発言はアシュケナージ系ユダヤ人からディープ・ステートへと繋がる裏の歴史を正確に表している。ソ連時代から一貫して外務畑を歩んできたラブロフは、世界の裏も表も知り尽くしているのだ。

こうした発言は当然のごとくイスラエルをはじめとする世界各国からの批判を浴びたが、ラブロフは意に介する様子もない。最終的にはプーチンが当時イスラエル首相だったナフタリ・ベネットとの電話会談で、ラブロフ発言について謝罪したというから、やはり政権内の力関係はラブロフのほうが上であることがわかる。

ドナルド・トランプ（前アメリカ大統領）
反ディープ・ステートの米軍による支援で大統領に

世界で初めて「ディープ・ステート」を公にした首脳

2016年にトランプが米大統領選で勝利した直後、SNS上で「トランプがかつて13歳の少女をレイプしたとして告訴された」という情報が拡散された。しかし大手メディアがこのことを積極的に報じることはなかった。なぜかといえば、もともとこの件を把握していた米軍の一派が「もし我々のために働いてくれるなら、その少女の件を隠滅しよう」としてトランプを支援し、大統領選で勝利させたという経緯があったからだという。脅されるぐらいの弱みがあるからこそ大統領候補になることができ、裏からコントロールするためにそういう人間でないと大統領をやらせない。その点にかぎっていえば米軍もディープ・ステートも大差はない。

こうしてトランプは米軍の意に沿う形で、かつての「偉大なアメリカ」を取り戻すべく働いた。公の場で「ディープ・ステート」に言及した首脳は歴史的にもトランプが世界初だろう。これはトランプ自身の意志ではなく、米軍による打倒ディープ・ステートの宣告であった。

だが次の大統領選でトランプはディープ・ステート側の巻き返しに遭い、様々な選挙不正の結果、バイデンに敗れる。トランプはワシントンを引き払ってシャイアン・マウンテン空軍基地のアジトに引きこもったといわれる。次期アメリカ大統領選における共和党候補として現フロリダ州知事ロン・デサンティスの名も挙がっているが、トランプ信者はいまだに多い。アメリカの愛国者のアイコンとして再度トランプがトップに立つ可能性は大いにある。

トランプ復活を阻止したいディープ・ステートは、現在進行形で様々な攻撃を続け、その勢力下にあるCNNは「トランプの不倫疑惑」「トランプ支持者の議会襲撃事件」「ビジネスにまつわる詐欺」などを連日スキャンダラスに報じている。

その一方で、共和党系のFOXニュースは「バイデン一族が逮捕されて尋問を受けている」「ウクライナ戦争におけるアメリカの失態」といった日本では陰謀論と一蹴されるような内容の報道を続けている。つまりいまのアメリカは、トランプとバイデンを対立軸とした2つの「事実」が競合して、国内が2分された状態にあるのだ。

「トランプが自分の逮捕劇を演出して、それをきっかけにバイデンと背後のロックフェラー家を追い込もうとしている」との情報もある。これは「大統領経験者の起訴」という前例を作り、バイデンのさらに重大な犯罪を公にして起訴に持ち込む流れとされる。

いずれにしてもしばらくは、トランプがアメリカの話題の中心であり続けるようだ。

ジョー・バイデン（アメリカ大統領）
ディープ・ステートの支援と不正選挙で傀儡《かいらい》大統領に

「バイデンがアメリカ最後の大統領となる」という情報が複数の情報筋から伝えられている。

現在のアメリカは大きく2つに分断されている。一つはロックフェラー家を中心としたディープス・テートの支配下にあるFRBやGAFAMなどの勢力。そしてもう一方は米軍だ。ロックフェラー家の支配下にあるバイデンは米軍を動かすことができず、ウクライナ侵攻でも米軍は正式な関与をしていない。ディープ・ステートが傭兵を雇い中古武器を買って戦地に送り込み、戦争を利用して「支援金のマネーロンダリング」を行っているのが実情とされる。

「高齢によるボケ」を裏づける映像も

2023年4月のバイデンのアイルランド訪問は、表向きには北アイルランド紛争を終結させた1998年の「ベルファスト合意」25周年を祝ってのことだったが、実際はヨーロッパに強い権力基盤を持つロスチャイルド家からアメリカへの支援を取りつけることが目的だった。しかしロスチャイルド家はアメリカのロックフェラー家とは袂《たもと》を分かつ方針。つまりバイデンの後ろ盾であるディープ・ステートも分裂状態にあるのだ。ロックフェラー家が米大統領を操り、世界中で戦争を演出することで権力と利益を独占する、そんな支配体制が通用しなくなりつつある。

２０２３年に持ち上がった米政府の「債務引き上げ問題」は今回が初めてではなく、これまでは大統領と議会それぞれが「仕事をしているフリ」を国民に見せるためのものでしかなかった。しかし今回、とくに問題解決が長引いており、いかにバイデンとロックフェラー家の力が低下しているかがうかがえる。本当にこのまま債務不履行に陥るのではないかともされ、もし米政府が様々な支払いを果たせなくなった場合には８００万人の雇用が失われ、ＧＤＰは６％減少。国家そのものがもたなくなる可能性が十分にあり、アメリカは終焉を迎える。

バイデン自身に関しても悲観的な話ばかりが伝わってくる。替え玉説、高齢によるボケ説があり、２０２２年４月には、「（バイデン自身が）ペンシルベニア大学の教授を務めていた」と虚偽のスピーチをし、さらに誰もいないステージ上であたかもその場に人がいるかのように手を差し出して握手を求める仕草をしたことで周囲を困惑させた。その後もステージ上をさまよい続けるなど、明らかに混乱している姿が映像に収められている。

もともと大統領就任時から「任期途中で退任して、副大統領のカマラ・ハリスに大統領の座を譲る」というシナリオが用意されていたが、あまりにカマラが不人気なため、仕方なくバイデンが大統領を続けているのだといわれている。

習近平（中国国家主席）
世界の「脱アメリカ」を推し進める〝終世皇帝〟

台湾とは平和裏に合併することで合意

2023年5月、広島でG7サミットが行われる一方で、中国では中央アジア5カ国（カザフスタン、キルギス、タジキスタン、トルクメニスタン、ウズベキスタン）の首脳を招いた「中国・中央アジアサミット」が開催されていた。しょせんは弱小国の集りだと軽視する声もあるが、集められた国々は弱小だからこそ将来的に中国人民元経済圏へ組み込まれる属国的存在となる可能性がある。今後こうした動きが広がるようなら、中国の国際的地位がアメリカを上回ることもあり得るだろう。「私たちは手を携えて、より緊密な中国・中央アジア運命共同体を構築することを決心した」という習近平の言葉からも、そうした狙いが見えてくる。

習近平は「外部勢力が地域国家の内政に干渉することに、断固反対しなくてはならない」とも発言し、これが中国と台湾の関係について語ったものであることは明らかだ。

2022年10月に3期目の総書記となった習近平。そこから5年の任期中に台湾への軍事侵攻が行われるとの見方が強いが、現実的には「中国と台湾は平和裏に合併する可能性が高い」と情報筋は伝えている。

共産党との内戦に敗れて台湾へ移った国民党には古来貴族の縁者が多く、その血縁者たちはいまも中国本土に多数残っている。そのため中台の王族・貴族階級においては、双方がスムーズな合併を望んでいるというのだ。すでに合意は済んでおり、あとは台湾国民をどのように説得するかの段階だといわれている。

こうした動きに対して欧州諸国は傍観の構えだ。アメリカが横やりを入れる形で戦闘が起こったとしても、現状、米軍が中国と戦えば1週間以内に米軍のミサイルが底を尽く。

習近平肝いりの世界進出プラン「一帯一路」については、一度は参加の意を示したイタリアが離脱を検討するなど難航しているように見えるが、２０２３年4月にマクロン仏大統領が訪中した際、一帯一路への参加を表明したとの情報もある。

さらには中国を中心としたＢＲＩＣＳ（ブラジル、ロシア、インド、中国、南アフリカ）において人民元による多国間決済が進められている。今後は中国の主導によって世界の「脱アメリカ」に拍車がかかることになりそうだ。

国内においても習近平は、周囲を側近で固めた盤石の体制を敷き、生涯トップに居座り続ける〝終世皇帝〟となる公算がきわめて高い。

イーロン・リーヴ・マスク（テスラCEO）
米軍の支援を受ける反ディープ・ステートの象徴

ツイッターはディープ・ステートとの情報戦における最前線に

イーロン・マスクの買収前と買収後で、ツイッターはガラリと様変わりした。

ツイッターにアップされた「突撃取材を受けたファイザー社の幹部が怒って記者のｉＰａｄを破壊しようとする動画」はこれまでに４０００万回以上も視聴されているが、買収以前ならこのような「反ワクチン」的な情報が拡散されることは決してなかったはずだ。

２０２３年４月に「アメリカのデフォルトは時間の問題」との見解をツイッターに投稿したように、現在のイーロン・マスクはバイデン政権＝ディープ・ステートに敵対する立場を明確にしている。

イーロン・マスクの背後には「ダーパ（ＤＡＲＰＡ）」がいるとされる。ダーパとはインターネットの原型やＧＰＳを開発した米国防高等研究計画局の略称で、つまりは米軍がバックについているというわけだ。

米軍のバックアップを受けるイーロン・マスクは、買収したツイッターでディープ・ステートの支配に抵抗する人々を盛り立てる役割を担うことになった。いまやツイッターはディープ・ステートとの情報戦における最前線となった。

イーロン・マスクは米軍の最新技術を独占的に利用することでテスラの電気自動車開発やスペースXの宇宙事業を展開し、その代わりに米軍のマネーロンダリング役を担ってきた。一時テスラの時価総額は世界の自動車会社すべてを合わせた時価総額を上回っていた。販売台数ではるかに上のトヨタ自動車よりも、テスラのほうが何倍もの資産価値を持っていたことをみれば、イーロン・マスクの錬金術がいかに優秀であるか理解できる。

だが2022年3月からテスラの株価は大暴落し、イーロン・マスクは史上最大の5兆ドルにも及ぶ資産を減らすことになった。宇宙事業においてもロケットの打ち上げ失敗が続く。こうしたイーロン・マスクへの逆風はディープ・ステートの反撃とされる。

そんなディープ・ステートとの対決を進める米軍は、神輿《みこし》としてイーロン・マスクを担ぐことになりそうだ。しかし、本来米軍が有する技術はアメリカの納税者の利益として還元されるべきもので、私企業が独占的に利用していいはずはない。その秘密をディープ・ステートによって公にされた時、米国民はどう判断するのか。アメリカで絶大な人気を誇るイーロン・マスクだが、その結果いかんで今後の立場が決まる。

ビル・ゲイツ（マイクロソフト創業者）
ディープ・ステートによる世界支配計画の主要人物

支配者階級の食糧確保に執心

マイクロソフトの創業者で、その総資産は2023年時点で1040億ドル。世界トップクラスの大富豪として名高いビル・ゲイツ。

2000年には貧困、不平等、感染症などの問題に取り組む「ビル＆メリンダ・ゲイツ財団」を創設。2010年には投資家のウォーレン・バフェットと組んで寄附啓蒙活動も開始し、ゲイツ自身もこの財団を通じて、2022年だけで200億ドルを寄付している。

だがゲイツはこうした寄付活動の裏で、ディープ・ステートの世界支配計画、なかでもパンデミック計画における主要人物の一人と目されている。ゲイツは2015年頃から世界的なパンデミックの危険を訴え、「もしも1000万人以上の人々が次の数十年で亡くなるような災害があるとすれば、それは戦争ではなく、ウイルスです」と話している。

2018年には、新型インフルエンザによって3000万人が亡くなると予言。すべてのインフルエンザに対応できるワクチンを開発して、それを毎年世界中の人に打ってもらうために1200万ドルの支援計画を表明している。もちろん新型コロナウイルスに関してもこの姿勢は変わらない。自身の財団を通じて1億5000万ドルをインドの製薬会社に寄付して、途上国において1回当たり3ドル以下の低額で、1億回分のワクチンを提供することを宣言している。

2023年の自著では「残念ながら、パンデミック発生の予測は現実のものとなりました。私たちの備えが不十分だったことも残念です」「政府は、火災や地震、自国の防衛のような対策と同様に、パンデミックへの備えもしなければならない」などと語っている。これだけを見ればウイルスの危機を啓蒙しているだけのようだが、「パンデミックは再び発生する」と警告し、「パンデミックの予防に特化した新たな国際組織を創設すべし」と提言するその発言からは、新たなパンデミックを演出する可能性が予測される。

2022年8月には日本の「目黒寄生虫館」を訪れたが、これも寄生虫と人間の免疫系に関する研究、つまり将来のパンデミックに関連してのことだったと考えられる。

パンデミックやワクチンだけでなく、それと並行して食糧問題にも執心しており、米全土に1000平方キロ以上、東京23区の約2倍にも及ぶ広大な農地を所有している。そして、これもディープ・ステートによる計画の一環で「人類奴隷化後に、支配者階級の食糧を確保するためのもの」といわれている。

エリザベス2世（前イギリス女王）
ロスチャイルド家に脅迫され続けた生前の女王

女王の死でロスチャイルド家との縁を切った英王室

２０２３年5月6日、イギリスでチャールズ3世の戴冠式が執り行われ、正式に国王として認められた。だがすでに74歳と高齢で、英国民にとっては新国王よりも、翌日の戴冠式記念コンサートにおいて「祖母（エリザベス女王）は、チャールズ国王をさぞ誇りに思っているでしょう」とスピーチしたウイリアム皇太子を評価する声が高まっているという。

在位期間が70年にもわたったエリザベス女王の影響力は、いまだ英国民に根強く残っている。そのエリザベス女王が２０２２年9月、96歳で亡くなったことは、今後の世界の支配体制にも多大な変革をもたらすことになりそうだ。例えば２０２３年2月、ロスチャイルド家の所有する投資銀行「ロスチャイルド・アンド・コー」の株式非公開化が判明したが、これはエリザベス女王の死でロスチャイルド家の欧州における影響力が低下したことを示しているという。

ＭＩ６関係の情報筋によると、エリザベス女王の出生をさかのぼれば、紀元前のフェニキア人の国家・カルタゴにたどり着くという。カルタゴでは子供を生贄にする悪魔崇拝のカルトを信仰していたことが考古学者の発掘調査で判明しており、その末裔であるエリザベス女王も、子供の頭を切断し、血を飲み、心臓を食べるといったカルトの儀式に参加し、その様子は動画に収められたとされる。もちろん女王自身が望んだことではなく、カルトの家系に生まれたためにやらざるを得なかったようだが、この動画でエリザベス女王はロスチャイルド家に脅迫され、その権力を利用され続けたという。

世界の権力のトップに立った人間のほとんどは、エリザベス女王と同レベルのとんでもない秘密を持たされ、「我々を裏切ったら悪事のすべてバラすぞ」と脅される。出自に問題はなくとも、カルトの仲間にスカウトされ、悪事に参加させることで人に言えない秘密を握られる。これがディープ・ステートによる権力者を支配下に置くための常套手段なのだ。

世界平和のために大きな役割を果たす一方で、そうした秘密を握られていたエリザベス女王だが、死去後、英王室の金庫番を務めるロスチャイルド家に大きな動きがあったのは、脅される材料のなくなった英王室がロスチャイルド家との縁を切ったからだ。

英王室以外にも、ヨーロッパ、中近東、アジアの王族といった世界のエリート層がいままで金庫番を任せていたロスチャイルド家を切り捨て始めたとの情報も聞こえてくる。このようにエリザベス女王の死はディープ・ステートの支配が終わるきっかけになるとされている。

アンゲラ・メルケル（前ドイツ首相）
東ドイツ出身で左派的な政策を進めたロシア融和派

「ロシアのスパイだったのではないか」という疑惑

１９９０年のドイツ統一以後、東ドイツ出身者の多くがスキャンダルなどで失脚していくなか、科学者だったメルケルは独首相にまでのぼり詰めた。

２０１２～２０１４年にかけて米国家安全保障局が、デンマークを拠点にしてメルケル独首相（当時）を含む欧州の政治家や政府高官にスパイ行為を行っていたことを、デンマークの公共放送が２０２１年になって報じている。東ドイツの出身で首相として左派的な政策を進めるメルケルに対し、アメリカが強い不信感を抱いていたことの証左であろう。

政治家として左右両派の対立を解消して中道派に統一したと評されることの多いメルケルだが、その政策はかなり左寄りだ。ドイツにおいてはナチスの反省もあって、メディアや学会では日本以上に右派の旗色が悪く、政策においても右派的なものが敬遠される傾向にある。メルケルは移民・難民の帰化を容易にするため多重国籍を認め、ジェンダー平等を主張。脱原発と太陽光発電を積極的に推進した。

その一方で、ワーグナー好きを公言した初のドイツ首相でもあった。ワーグナーの楽曲はヒトラーが愛聴したことから、ドイツの政治家にとってタブー視されてきたものだった。

プーチンに対しては特徴あるKGB的なしゃべり方を「東ドイツの秘密警察を思い出す」と毛嫌いする一方で、政策においてはロシアや東欧との関係を構築。ロシアとドイツを結ぶ天然ガスのパイプライン、ノルドストリームの施設を実現させた。こうしたメルケルの政策に対しては「東ドイツの逆襲」と称するドイツ国内の声もあった。

政界入り直後には当時のヘルムート・コール独首相に目をかけられ「コールのお嬢さん」と呼ばれて出世したが、1999年、コールに裏献金疑惑が発覚すると猛烈に批判している。

人権重視と環境保護という施政方針は短期的には賞賛されたが、その後は移民増加による治安の悪化や、自然エネルギー発電による電気料金の高騰などのマイナスも見え始め、ネオナチなど極右勢力の台頭を招くことにもなった。ロシアとの融和政策も、ウクライナ侵攻があったいまとなっては疑問視する声が多い。

首相就任当初の大連立政権時から舞台裏での根回しを好み、表面的には沈黙を守るとの評があり、その性質はスパイの特徴を思わせるところもある。そのため「実はロシアのスパイだったのではないか」という疑惑も根強くささやかれている。

オラフ・ショルツ（ドイツ首相）
反ディープ・ステートの立場で中露と接近

ディープ・ステートによる国家転覆計画を阻止

ウクライナ侵攻は、ドイツとロシアの蜜月を断ち切るためにアメリカが画策して起こしたものだとする説がある。ロシアからの天然ガスをヨーロッパ各地に送るパイプラインのノルドストリームはドイツの主導で計画が進められたが、これによってロシアとドイツが接近することはアメリカにとって都合が悪い。ドイツを介してEUとロシアが合体した日には、アメリカを凌駕する巨大な権力と経済力を有することになってしまうからだ。ここでいうアメリカとは、ロックフェラー系ディープ・ステートと同じ意味である。

２０２１年12月にドイツ首相となったオラフ・ショルツは、ウクライナ侵攻に関してロシアと和平合意に達しているといわれる。ドニエプル川以東でのロシアの権利を認め、ドイツは天然資源を入手するという内容で、実際にドイツの電気代は一時の高騰から急激に下がっている。

弱小中道左派政党のドイツ社会民主党に所属するショルツは、決して首相争いの有力候補ではなかった。ところがライバルたちが次々とスキャンダルに見舞われ首相の座がめぐってきた。そのためドイツ国内では「強運の人」といわれているが、本当に運がよかっただけなのか。

ショルツはロシアとの和平だけでなく、2022年11月には訪中して中国とも接近。また国内では金融取引税の導入を進めている。こうした政策はどれもアメリカ中心の金融資本による世界支配というディープ・ステートのやり方に反するものである。偶然が重なったような首相就任の経緯からも、ショルツの背後には反ディープ・ステート勢力の影がうかがえる。

ショルツの後ろ盾と目されるのが、ドイツ屈指の名門王族のラングレイブ・ヘッセ・ドナトゥスだ。ドナトゥスが欧州を代表してロシアとの和平を水面下で交渉し、表舞台の代役として実務を担当するのがショルツというわけである。

2022年12月、ドイツでは「ドイツ帝国の復活」を唱える右派組織「ライヒスビュルガー」による国家転覆計画が発覚した。ドイツ連邦警察の特殊部隊GSG9など約3000人の警察官が、団体メンバーの自宅や事務所を一斉捜査することで事なきを得たが、現政権に対するクーデターや連邦議会議事堂への突入が具体的に計画されていたという。この時に逮捕された同組織のメンバーには政治家や現役兵士が含まれていた。

この事件はショルツに対する、ディープ・ステート側からの反撃とみられ、今後はさらに「ショルツ攻撃」が強まっていく危険もある。

エマニュエル・マクロン（フランス大統領）
ロスチャイルド家に忠誠を誓う利益代表者

2024年パリ五輪のあとに失脚する可能性も

2023年4月、フランスのマクロン大統領が訪中した一件は、フランスをはじめとするヨーロッパ諸国の背後にいるロスチャイルド家と、アメリカの背後にいるロックフェラー家との亀裂を象徴するできごとだった。

帰国の機内でマクロンは、フランスとアメリカ2つのニュースメディアに独占取材を許し、以下のことを語っている。

「ヨーロッパはアメリカへの依存を減らし、台湾をめぐる中国とアメリカの対立に引きずり込まれないようにしなければならない」「台湾危機を加速させることは、私たちの利益にはならない」「ヨーロッパの指導者の何人かは、中国がアジア地域の覇権国となる世界秩序が、ヨーロッパにとって有利になるかもしれないと考えている」「中国とロシアの重要な政策目標である脱米ドル化と同じく、ヨーロッパも米ドルへの依存を減らすべきだ」

こうした発言は「中国の台湾侵攻を勢いづかせるものだ」と批判を浴びたが、これがヨーロッパ＝ロスチャイルド家の現在の本音と思って間違いないだろう。

アメリカへの対抗姿勢をみせたマクロンだが、国内では自身が危機的状況に追い込まれている。帰国から間もなく、マクロンは「定年を62歳から64歳に引き上げる」年金改法案について強制採択を行った。これに対して野党各党は「内閣不信任決議案を提出する」と表明。加えて仏国民の抗議デモが激化し、各地で放火や商店破壊などの騒ぎが続出した。このような混乱を招いた定年延長の措置が国や国民のためではなく、「ロスチャイルド家の破綻を助けるためだった」というからその忠誠度だけは立派である。

さらに、フランス版ガーシーとでもいうべき有名暴露系作家が、テレビで突然、爆弾発言を繰り出した。有名コメディアンに関するスキャンダルについてコメントしていたこの作家は、途中から子供を生贄にしたオカルト儀式について語り始め、これに「マクロン夫妻が関係している」ことを匂わせたのだ。

「仏大統領夫人は秘密裏に性転換手術を受けたトランス男性だ」との暴露動画を上げたユーチューバーに対する名誉棄損の裁判も棄却され、マクロン側が敗訴したという。

外交も内政もプライベートも失態続きとなったマクロン。大統領の任期は2027年までだが、このままだと2024年のパリ五輪が終わったあと、失脚する可能性もあるのだ。

ジャスティン・トルドー（カナダ首相）

反ワクチン派の攻撃で窮地に立つイルミナティのエリート

「反ワクチン」から「反トルドー」へ

カナダのトルドー首相は幼少期から共産主義教育を受けながら次期首相として育てられてきたイルミナティのエリートである。自由主義国家において共産主義教育ということに違和感を覚えるかもしれないが、支配者階級にとっての共産主義とは、庶民からの収奪を正当化するための武器である。

2022年のNATO首脳会議では反ディープ・ステートのトランプが「カナダ首相には裏表がある」と名指しで批判したこともあった。

トルドーは、新型コロナウイルス対策においてワクチン義務化を強行したことでカナダ国内から激しい批判を受け、政治的に厳しい立場にあるという。

2021年9月、与党の左派・自由党で単独過半数を獲得するために解散総選挙を実施。トルドーはその選挙活動中に、ワクチン義務化に反対するデモ隊から石を投げつけられた。怪我人は出なかったものの評価は一気に下落。トルドーの自由党はかろうじて第一党となったが、第二党との差はわずかで、目標とした過半数の議席獲得には届かなかった。

この選挙に関してはカナダ安全情報局が、外国勢力による介入の試みがあったと指摘。政府声明で国名への言及はなかったが、人口の約4分の1を占めるアジア系移民、なかでも最多人口の中国人を指したことは明らかだった。カナダ国民の間で新型コロナ政策への批判が高まっていることに乗じて、選挙介入で中華系移民が一気に勢力を伸ばそうという試みであった。

2022年2月にはカナダの首都オタワの中心部で「フリーダム・コンボイ」と呼ばれるトラック運転手の反ワクチンの抗議活動が発生した。近隣住民は家から出ることもできず、鳴り続けるクラクションで眠れぬ夜を過ごすことになったといい、デモ隊の様子は「違法な路上パーティー」と報じられた。

さらに各地の州政治家や保健職員、レストランのオーナー、医療従事者などが反ワクチン派から嫌がらせを受ける事案も相次いでいる。

こうした反ワクチン派によるトルドーへの抗議行動は、コロナ禍が終息してもなお激しさを増し、絶え間なく続いている。「反ワクチン」は「反トルドー」へと変わり、それら国内の批判勢力に加えて中華系移民からもプレッシャーをかけられる。そんな両面攻撃にさらされるトルドー政権が倒れれば、過激な反ワクチン運動はアメリカにまで飛び火することになるだろう。

都市伝説・考察系ユーチューバー「コヤッキースタジオ」が語る最終真実

「フリーメイソン」「ロスチャイルド家」が日本支配のために仕組んだ明治維新

坂本龍馬を操り、薩長に中古武器を売りつけ、倒幕でボロ儲け

フリーメイソンによって植民地化された日本

コヤッキー　突然ですが、キリンビールで有名な「キリンホールディングス」のロゴマークの動物を知っていますか。

とーや　幻獣である麒麟です。頭が龍で胴体が鹿や馬に似た伝説の生き物ですね。

コヤッキー　そうです。では、このキリンホールディングスの基礎を作り、ラベルを麒麟にすることを提案した外国人は誰だか知っていますか。

とーや　全然知りません。

コヤッキー　スコットランド出身のトーマス・グラバーさんです。歴史好きなら絶対に知っている人物ですね。

とーや　知りませんでした。彼が何か都市伝説に関わってるんですか。

コヤッキー　実は、彼はフリーメイソンの一員で、日本を操り、支配した人物ともいわれています。しかも、彼は江戸幕府の倒幕に一役買った坂本龍馬とも関係があり、いまの日本の基礎にはフリーメイソンが大きく関わっているといわれているんです。

とーや　麒麟は龍の頭と馬の胴体。坂本龍馬とも関係してくるなんて、意味深ですね……。

コヤッキー　ということで、今回は教科書には絶対に載ることのない、日本の裏に隠れた「フリーメイソンの真実」について紹介したいと思います。そもそも、日本はフリーメイソンによって植民地化されたといわれているんですよ。

とーや　どういうことですか。

コヤッキー　例えば、いまでは当たり前に着ている洋服。僕ら2人とも和服は着ていないですよね。「洋服」とは西洋服の略で、西洋風の衣類のことを指しています。洋装化は、日本の生活スタイルが明治維新の「文明開化」によって大きく変化したことに起因します。

とーや　いいことのように思えますが……。

コヤッキー　服以外でも、食も洋化してますよね。このように我々の生活の大部分は洋になっている。それを、単なる時代の変化で片づけられると思っていませんか？

とーや　そうやって習ってきた気がします。

コヤッキー　昨今もパンデミックのなかで、リモートワークなど働き方に大きな変化があり、生活面では外食ではなくデリバリーによる食事も増えましたよね。このように、生活様式が大きく変わる際は時代が変化しているのですが、パンデミック以上に大きな変化があったのが文明開化でした。そしてこの生活の変化は、フリーメイソンが計画的に引き起こした結果だったんです。

日本産のゴールドを奪うための開国

とーや　フリーメイソンが国全体を変えるなんてできるんですか。

コヤッキー　できるんですよ。ところで、少しズレますが、明治維新前の江戸（東京）の人口を知ってますか？

とーや　……1000万人くらいですかね。

コヤッキー　いいえ、約100万人です。

とーや　え、少なっ！

コヤッキー　少ないと思ったとーやくん、残念。実は江戸は世界的にも人口がトップクラスに多かったんです。当時、イギリスの首都であるロンドンの人口は86万人、フランスの首都パリは54万人ということを踏まえると、いかに江戸が大きな首都だったかわかりますね。しかもその割には、治安も安定していたといいます。さらに、江戸時代の日本は教育も盛んで、全国の寺子屋の数は1万5000軒もあったそう。その結果、当時の日本の識字率はロンドンの10％に比べて70％と高水準。世界的にも非常に高い教育がされていたことがわかります。日本を訪れた外国人がこのような様子を見て、日本を絶賛し、日本文化が海外に広まりました。「浮世絵」はヨーロッパで大流行するなど、日本の情報が次々と世界に発信されていきました。ただ、やはりこんないい国はないぞということで、日本を手中に入れようと考える国が出てくる。そのなかで、日本が狙われた一番の理由を知ってますか？

とーや　おいしいビールがあったから？

コヤッキー　ありません（笑）。違います、金（ゴールド）なんですよ。当時の日本は金の産出量は、世界の3分の1を占めていたようです。そして日本の金に目をつけたアメリカは、日本に開国を迫ることになります。このへんからみんなが知っている歴史に紐づいてきますよ。

とーや　黒船来航？

コヤッキー　そうです。黒船来航で有名なペリーですが、実はフリーメイソンのメンバーだったといわれています。さらに1858年にアメリカの外交官タウンゼント・ハリスが「日米修好通商条約」を結びますが、このハリスもフリーメイソンのメンバー。めちゃくちゃ日本はフリーメイソンに動かされていたことがわかります。

とーや　日米修好通商条約は日本にとって不利なものでしたね。

コヤッキー　これによって、日本で採掘された金は次々にアメリカに流れ込むことになるのです。つまり、フリーメイソンの活動によって日本の金がアメリカに流れた。こうして江戸幕府は財政難となり、それが倒幕の原因にもなったといわれています。ちなみに、日本から手に入れた金は、当時アメリカで起こっていた南北戦争の軍事資金として利用されたそう。ハリスは南北戦争で勝利したリンカーン元大統領の部下でした。つまりリンカーンの勝利は流出した日本の金のおかげでもあったのです。そして、この南北戦争がのちの日本に大きく影響を与えることになります。ここからの重要人物は坂本龍馬です。

日本を搾取するための「文明開化」

とーや　坂本龍馬といえば、薩長同盟の立役者で、倒幕や明治維新に深く関わる人物ですね。

コヤッキー　当時の龍馬は脱藩した浪士だったため、そこまで資金があったわけではありません。そんな龍馬に目をつけたのが先ほどのトーマス・グラバーです。坂本龍馬を支援し、貿易を目的とした日本初の商社「亀山社中」を作らせ、武器の提供を行っていました。この亀山社中がのちの「海援隊」になって、日本初の株式会社になります。亀山社中は設立からたった3カ月で7800丁もの銃を手に入れ、この銃を使って薩摩藩と長州藩は倒幕に向かいました。つまり、薩摩、長州の後ろにはグラバーらフリーメイソンが存在したのは事実。長崎にあるグラバーの家は、現在グラバー園として観光地になっていますが、園内でフリーメイソンのマークを見ることもできます。

とーや　つまり坂本龍馬を表の顔として操り、倒幕のために薩摩、長州を支援し、武器や弾薬を販売して裏からすべてを操っていたと……。

コヤッキー　日本を乗っ取ろうとしていた動きはこれだけじゃないんです。トーマス・グラバーは長崎に「グラバー商会」という商社を「ジャーディン・マセソン商会」の代理店として設立しています。ジャーディン・マセソン商会は、当時の清（中国）に大量のアヘンを売りつけ、アヘン戦争を起こした麻薬貿易会社の代理人でした。そして、麻薬貿易会社を作ったのがロスチャイルド家といわれています。

とーや　ロスチャイルド家といえばユダヤ系銀行家の一族で、その影響力は世界の経済や政治に及んでいるといわれていますね。ロスチャイルド家にはロンドン家、パリ家などがありますね。つまり、明治維新にはフリーメイソンの他にもロスチャイルド家が関わっているのか。

コヤッキー　少し話は戻りますが、南北戦争後には使用された多量の武器が余ってしまいました。この中古の武器を売り飛ばしたいと考えたロスチャイルド家は、日本を標的にして中古の武器をさばいたのです。

とーや　亀山社中の武器はこれか……。

コヤッキー　ロンドン家のロスチャイルドは薩長へ。そして、パリ家のロスチャイルドは江戸幕府へ武器を売りつけたのです。

とーや　双方に武器を売りつけるやり口。ロスチャイルド家にとっては、どっちが勝っても儲かる仕組みだったということですね。

コヤッキー　つまり、薩長対江戸幕府は、フリーメイソンとロスチャイルド家によって仕組まれた歴史だったのです。その後、日本には文明開化により西洋文化がどんどん流入されることに。西洋文化が輸入されるということは、もうお気づきですよね。さらに彼らが儲かり、日本を西洋風に洗脳していくこととなったということです。いまでも、日本人は知らないところで、このように洗脳されているのかもしれないのです。

とーや もう漫画みたいな話ですね……。明るいイメージのある明治維新ですが、実は日本を掌握するために引き起こされていたとは。

コヤッキースタジオ（こやっきーすたじお）

巷に転がる都市伝説を紹介するYouTubeチャンネル。都市伝説テラーのコヤッキー（主にツッコミ）と都市伝説アンバサダーのとーや（主にボケ）の掛け合いが好評。2019年にYouTubeチャンネルを立ち上げ、登録者数は約131万人（2024年8月時点）。明日、友達に話したくなるような都市伝説をほぼ毎日更新。トークライブなどのイベント活動も積極的に行っている。著書に『コヤッキースタジオ都市伝説 Lie or True あなたは信じる？』（KADOKAWA）がある。また2024年4月からは初の会員制WEBマガジン『シンジラレナイマガジン』を開設し、ディープすぎる都市伝説情報を配信中。

第四章

世界を支配する「組織」の正体

「イルミナティ」の〝世界新秩序〟
目指すは国家の解体と世界政府の樹立、そして人口削減

フリーメイソンを監視する「プロビデンスの目」

イエズス会の修道士が1776年に創設したとされる秘密結社「イルミナティ」。貴族などの上流階級で一大ブームとなったが、その無政府主義的な思想を咎《とが》められて一度は政府から解散を命じられる。その直後にフランス革命が起きたことで「イルミナティは革命を扇動した黒幕」ともされた。

イルミナティはフリーメイソンの上位組織で、都市伝説のなかでたびたび語られてきた「プロビデンスの目」は、フリーメイソンを上位から監視するイルミナティを表したものだという。

イルミナティの掲げる「新世界秩序＝ニュー・ワールド・オーダー」とは、主権国家をなくし、上層階級のエリートによる世界政府を樹立して地球全体を管理するという世界統一の方針をいう。「新世界秩序」の初出はイギリスのSF作家で社会活動家のH・G・ウェルズが1939年に著した作品のタイトルで、その後も政治家や財界人などがたびたびこの言葉を使ってきた。

世界支配に向けて、まず文化やビジネスなどの世界標準＝グローバル化を実現し、世界銀行などの国際組織によって金融市場を支配。地球温暖化やパンデミックなどを全世界共通の危機として打ち出し、その解決のためには連帯が必要という理由からEUのような地域統合を進め、段階的に主権国家を解体していくことになる。

１９８０年、アメリカに突如建てられた花崗岩《かこう》のモニュメント「ジョージア・ガイドストーン」に刻まれた「10のガイドライン」こそが、イルミナティの目標だともいわれる。その項目は以下のとおり。

「大自然と永遠に共存し、人類は5億人以下を維持する」「健康と多様性の改善と再生を賢明に導く」「新しい言葉で人類を団結させる」「熱情、信仰、伝統、万物を理性で統制する」「公正な法律と正義の法廷で人々と国家を保護する」「外部との紛争は世界法廷が解決するようにすべての国家を内部から規定する」「狭義な法律やムダな役人を廃する」「社会的義務と個人的権利の平衡を取る」「無限の調和を求めて真・美・愛を賛える」「地球の癌にならず、自然のための余地を残すこと」

なかでも最初の「5億人以下」は、イルミナティが目指す「人口削減計画」と合致する。

２０２２年7月にこのジョージア・ガイドストーンが何者かによって爆破されたのは、世界新秩序に反対する勢力の仕業だともいわれている。

「13血族」のイルミナティ支配
世界を牛耳ってきたディープ・ステートの政策実行者

世界の経済、軍事、宗教に支配的な影響力

秘密結社フリーメイソンの上層に位置するのがイルミナティで、さらにその中枢を担ってイルミナティ全体の意思決定を行っているのが「13血族」だ。
「ロックフェラー家」「ロスチャイルド家」「ケネディ家」「アスター家」「デュポン家」「バンディ家」「コリンズ家」「フリーマン家」「オナシス家」「ラッセル家」「李《リー》家」「ファン・ダイン家」「ダビデ家」の13家。彼らがディープ・ステートの政策実行者たちである。

ロックフェラー家はアメリカで最も影響力を持つ財閥で、歴代大統領たちの多くがその支配下にあった。ソ連の成立から崩壊まで関わるなど、その力は世界中に及ぶ。

ロスチャイルド家は世界の金融資本のトップ。大きくはフランス系（イギリス系を含む）とスイス系に分かれ、ヨーロッパを拠点に世界の金融資本を牛耳っている。

ケネディ家のジョン・F・ケネディが駐英大使だった時、英王室は最高級の礼服で会見に臨んだといい、このことからも権威のほどがうかがえるだろう。ケネディ暗殺については「イルミナティの掟に逆らったため」ともいわれている。

アスター家は初代が貿易で財を成し、一時はニューヨーク市の5％の土地を買い占めたという。デュポン家といえば日本ではガスライターで知られるが、元は火薬事業から始まった武器商人。いまでは原子力産業、宇宙産業、航空産業にも強い力を持っている。バンディ家は代々米大統領のお目付け役を担い、原子爆弾開発、キューバ危機、ベトナム戦争への関与があったとされる。コリンズ家は悪魔崇拝の家系で、ヒトラーを財政面で支援したとも。フリーマン家はシオン修道会の修道長の系譜。オナシス家は〝海運王〟の異名を取り、麻薬など非合法な分野への関与も指摘される。同家のアリストテレス・オナシスが、暗殺されたケネディ米大統領の妻の再婚相手だったことから、事件の黒幕ともささやかれる。ラッセル家は宗教家の家系でエホバの証人の創始者。李家は中国史において常にその中心を担ってきた。ファン・ダイン家はオランダにルーツを持ち、ダビデ家は魔王ルシファーの子孫を自称している。

　裏社会における活動については不明な点が多く、すべてを明らかにすることは困難だが、この13家が表の世界で経済、軍事、宗教などに支配的な影響力を持っていることは間違いない。

　なお、13血族を支配する貴族の存在も噂《うわさ》されるが、実在したとしてもその正体が表に出てくることは決してないという。

「ロスチャイルド家」の世界支配
陰謀論の主役一族が持つ現実世界での絶大な影響力

国際金融、巨大メディア、兵器産業、多国籍企業を実質的に支配

国際金融を牛耳っているとされ、各種の陰謀論でもおなじみのロスチャイルド家とはどういう存在なのか。彼らが歴史の表舞台に登場したのは18世紀ドイツ。マイアー・アムシェル・ロートシルト（英語読みでロスチャイルド）は、当時ヨーロッパ最大の資産家であったフランクフルト領主・ヘッセン方伯《ほうはく》家の金庫番となり、その資産を事実上私物化。それを元手にロンドンで銀行を開業し、のちにイギリスのロスチャイルド家は英中央銀行の実質的オーナーとなった。

さらに、マイアー・アムシェルは5人の息子たちをヨーロッパ列強の首都へ派遣して銀行支店を開業させ、世界初の国際金融ビジネスを開始。うちイギリス・ロスチャイルド家は1815年のワーテルローの戦いで相場操作を行い莫大な利益を上げ、フランス・ロスチャイルド家はワーテルローの戦いで敗戦国となったフランスが支払う賠償金を公債として引き受け、売却益を運用して莫大な利益を得た。

ヨーロッパ各国への戦費の貸し付けはロスチャイルド家に莫大な利益をもたらし、187

5年には当時の英首相が「英政府を担保」にして貸し付けを受けたこともあった。また、日露戦争では日本とロシアの双方へ、第二次世界大戦では連合国側とナチス・ドイツの双方へロスチャイルド系銀行から貸し付けが行われた。彼らはどちらが勝っても儲かる仕組みを作り上げたのだ。

ヨーロッパ各地で最初に支店を開いたロスチャイルド家の5人兄弟の母は、「私の息子たちが望むなら、世界から戦争をなくすことができる」と語ったという。逆にいえば、ロスチャイルド家が戦争で儲けるために、世界から戦争をなくさなかったということになる。

第二次世界大戦後、ロスチャイルド家の本流が残っているのはイギリス、フランスのみとなり、表舞台でその名が聞かれることは少なくなった。しかし、創業者がロスチャイルド家の親類であったり資本が入っていたりする金融機関には、ゴールドマン・サックス、HSBCホールディングス、クレディ・スイス、フランス銀行、イングランド銀行、カナダロイヤル銀行、アラブ投資銀行などがあり、現在でも世界の金融に隠然たる影響力を及ぼしているとみられる。

その他、ロイター通信と米3大ネットワーク、石油会社のBPやロイヤル・ダッチ・シェル、ネッスル、ブルックボンド、コカ・コーラ、フィリップ・モリス、デ・ビアスなどの有名企業、さらに何社もの兵器メーカーがロスチャイルドと何らかの関係があるという。陰謀論ではなく、「事実として」いまなおロスチャイルド家は世界の実質的な支配者なのだ。

「ロックフェラー家」のアメリカ支配

人類支配計画「ニュー・ワールド・オーダー」を推進

〝世界皇帝〟と呼ばれたデイヴィッド・ロックフェラー

ロックフェラー家はドイツ系の移民としてアメリカに入り、その子孫の一人ウィリアム・エイブリー・ロックフェラーは〝がんの特効薬〟と称したニセ薬の行商人だった。最終的に家族を捨てるような男だったが、その息子のジョン・D・ロックフェラーは1870年にスタンダード・オイルを設立して石油王となり、米最大級の財閥としてのロックフェラー家の基礎を築く。

彼はロスチャイルド系銀行の融資により商売敵《がたき》を乗っ取っていき、石油事業で成功しただけでなく、一時はアメリカの全鉄道の95％を支配した。そうした資本関係から長い間ロスチャイルド家の監督下にあったのは確かだが、一方で米政財界での影響力はすさまじく、例えば、ジョン・D・ロックフェラーの孫であるネルソン・ロックフェラーは共和党フォード政権下で副大統領を務めている。その他にもロックフェラー家は複数の州知事や連邦議会議員を輩出した。

なかでも政財界に絶大な影響力を及ぼしたのが先代の当主デイヴィッド・ロックフェラー

だ。彼が名誉会長を務める「外交問題評議会」と、自ら創設した「三極委員会」はアメリカばかりでなくヨーロッパや日本の政策にも大きな影響を与えており、その影響力の強さから〝世界皇帝〟と呼ばれたほどだ。

ただ、その彼も2017年に101歳で逝去。当主の座を継承したジェイ・ロックフェラーはウェストバージニア州知事や上院議員を歴任し、若い頃には日本への留学経験もある日本通だ。上皇夫妻とも懇意で2013年には旭日大綬章を受章している。

さて、2001年のアメリカ同時多発テロ事件と関連して脚光を浴びたのが、デイヴィッド・ロックフェラーのいとこに当たるニコラス・ロックフェラーだ。その旧知の友人である映画プロデューサーのアーロン・ルッソが2006年に明かしたところによると、ニコラスはテロ事件の11カ月前の時点で、アメリカにおいてアフガニスタン侵攻やイラク戦争のきっかけとなる事件が起きることを予告していたという。

それは「新世界秩序（ニュー・ワールド・オーダー）構想」の一環であり、その先には食糧問題解決のために人類を半減させ、人々の体内にICチップを埋め込んで支配する計画もあるというのだ。なお、ルッソはこの告発のわずか半年後の2007年8月に64歳で死亡している。

デイヴィッド・ロックフェラーは、「ロックフェラー家の人間は人類に対して責任を持つ」として人類の〝向上〟を目指していたが、これこそが一族による世界支配の意思表示だったのだ。

「ビルダーバーグ会議」の支配力
欧米トップが集う〝陰のサミット〟〝事実上の世界政府〟

会議の内容は完全非公開で報道は不可

ビルダーバーグ会議とは東西冷戦下において西側陣営の諸問題を討議し合う目的で創設された非公式会合であり〝陰のサミット〟とも呼ばれる。一説には、英国王立国際問題研究所（チャタムハウス）の構想に基づき、英諜報機関ＭＩ６（秘密情報部第６課）が設立したともいわれる。

同会議の初代議長のベルンハルト王配は、オランダ・ユリアナ女王の夫に当たる人物だが、若い頃はナチス党員でありホロコーストに使用された毒ガスを生産した企業に関与した。また、米軍需企業のヨーロッパ市場への売り込みで口利きを行う武器商人まがいの振る舞いが問題となり、最終的にロッキード事件（１９７６年）で失脚。それに伴い同会議の議長の座を去った。

ビルダーバーグ会議は、１９５４年にオランダ・オーステルベークにあるビルダーバーグ・ホテルで第１回会合が開かれた。創設時には当時のトルーマン米大統領、ＣＩＡ（米中央情報局）、ロックフェラー家、ロスチャイルド家、フォード財団なども協力。第１回の会議にはロックフェラー家のトップであるデイヴィッド・ロックフェラーも直々に参加している。

その後、毎年1回、欧米各国の王族や貴族、政財界や官僚や軍のトップ、世界銀行総裁、中央銀行のトップなど130～150名ほどを集め、北米や欧州の各地で開催されており、最近はグーグルやマイクロソフトの代表者やドナルド・トランプの義理の息子ジャレッド・クシュナーなども招待リストに名を連ねている。

ビルダーバーグ会議の参加者はゲストスピーカーを除けばほとんどは白人男性だ。会議そのものは完全非公開で、ジャーナリストも招かれるが会議内容の報道は不可。公式ウェブサイトによると、同会議は意見・情報交換の場であり、何かを決めることはなく決議も取らないという。

だが、欧米の有力者ばかりが集まるこの会議を〝事実上の世界政府〟と考える者は多い。事実、世界統一政府に関する議論も過去にはあったようだ。また、ビル・クリントンやバラク・オバマ、イギリスのトニー・ブレアなど欧米諸国のトップの多くが就任直前にビルダーバーグ会議に出席していることから、欧米諸国の国家元首を決める力があるともいわれる。

さらに、第1回会合に参加した米大統領特別補佐官チャールズ・ダグラス・ジャクソンが、ジョセフ・マッカーシー米上院議員の暗殺をほのめかすような発言をしたところ、その直後にマッカーシーは失脚。3年後に急性肝炎で死去したという話もある。このことから、ビルダーバーグ会議の方向性に合わない要人の暗殺が行われているのではないかと危惧する声もある。

「ダボス会議」が作る世界情勢
世界のVIPを集めディープ・ステートが指示

ロスチャイルドの意向を大きく反映

政治、経済、学問などの世界的リーダーたちを集め、毎年スイスで開催される「ダボス会議」。1971年に経済学者のクラウス・シュワブが、世界情勢の改善に取り組むことを目的として設立した「世界経済フォーラム」の主催するこの会議では、その時々の世界的な諸課題について議論するというのが建前となっている。

だがシュワブはスイス・ロスチャイルドに列する人物。金融業を主とするロスチャイルドの真の狙いは、世界のトップを集めて意見を聞き、「今後どの分野、どの地域に投資すれば儲かるかを見極めること」や「金融を介してディープ・ステートによる支配を強めること」にある。

2021年のダボス会議でテーマとなったのは「グレート・リセット」だった。ウィズコロナ、アフターコロナの社会をよりよいものにするためにというのだが、面白いのは会議の直前にシュワブ自身が『グレート・リセット-ダボス会議で語られるアフターコロナの世界』というタイトルの自著を出版していたこと。会議は話し合いのためではなく、シュワブが世界のVIPたちに「新しい社会の在り方」についての指令を伝えるためのものにすぎなかったわけだ。

スイスの雪に覆われた大自然のなかで行われるダボス会議は当初、「経営者は株主や顧客だけでなく、従業員や地域社会などすべての利害関係者に配慮しなくてはならない」との理念を掲げていた。この時、名門王族のハプスブルク家の代表者が登壇して「今後はシュワブとロスチャイルドに会議を一任する」ことを表明したという。

1973年には会議のテーマを「経営」から「経済および社会の諸問題」にまで拡大。1974年1月の会議からは政治指導者も会議に招かれるようになった。1988年には、関係が悪化していたギリシャとトルコの首相が会談し、国家間の戦争が直前で回避されている。1989年には北朝鮮と韓国が初の閣僚級会合を開催。さらに翌年の会議では、東ドイツのハンス・モドロウ首相と西ドイツのヘルムート・コール首相が東西ドイツの統一について会談している。シュワブ＝ロスチャイルドの手によって、世界情勢をリアルタイムで変革してきたのだ。

これに反発したのが米大統領時代のトランプで、2020年の会議の主要テーマとされた環境問題について「いまは悲観的ではなく、楽観的になる時だ」と、反ディープ・ステートの立場を堂々と主張してみせた。なお2023年1月のダボス会議には、日本から西村康稔《やすとし》、河野太郎、後藤茂之、小泉進次郎が参加している。

「世界の王族」の統治ネットワーク
王族支配のもとに国家が統治するのが真の世界の構図

王族同士が国を超えて世界の舵取りについて語り合う

２０２３年5月、広島Ｇ７サミットの開催期間中に、ポルトガルのリスボンでビルダーバーグ会議が開かれていた。同会議の初代議長はオランダのベルンハルト・ファン・リッペ＝ビーステルフェルト王配。毎年1回、世界的影響力を持つ貴族や企業の代表者１５０人前後が集まり、世界の重要問題について完全非公開で討議する。

ヨーロッパを代表するような国の王やその親族の出席が確認されていることから「真のサミット」「王政の世界政府」とも呼ばれており、ビルダーバーグ会議における決定事項は、各国政府や財界、メディアを通じて実行されることになる。

日本の皇室を含む世界の伝統的な王家や貴族たちはふだん、何かしらの祝典や催事に参列して式辞を述べるだけの存在に見えるが、その裏側では国を超えて頻繁に連絡を取り合い、世界の舵取りについて語り合っている。

ヨーロッパやアジアでは、古来の王族が国の単位を超えた統治を行っていて、その支配のもとにそれぞれの国家や秘密結社などがぶら下がっている。これが真の世界の構図である。

中国でもかつての皇帝たちの血脈がいまなお続いており、例えば「周」という名前は明《みん》（1368～1644年）の時代の王族の苗字で、毛沢東体制を支えた周恩来はその末裔だという。絶対的存在と見られている中国共産党にしても、その実態は王族のための官僚組織のような存在であり、ゆえに共産主義を掲げながらも時代によって政策を転換させていく。

中国による台湾併合問題にしても、両国の真の統治者は同じ王族の血統に連なっており、裏では平和裏な合併に向けた話が進んでいると情報筋は伝える。そして合併後も、台湾の現体制は基本的に維持される見込みだという。中国から見た時に、香港はイギリスによって作られた外国人の拠点。蒋介石の国民党が移り住んだ台湾は遠縁の親戚のようなものであり、そのため統治の方法は自ずと違ってくるのだ。

日本の皇室も、テレビで報じられるのは穏やかで平和な様子ばかりだが、実際は世界的な発言力を持ち、なかでも皇后時代の美智子上皇后は各国王室と強力な関係を結び、戦後日本の発展を裏側から支えたといわれている。

アメリカがディープ・ステートに完全支配されてしまったのは、こうした王族的なものが存在しなかったためだと考えられている。

「バチカン」が示す権威と変化
カトリック信者を戸惑わせる教皇の発言と歴史修正

教皇が影武者に置き替えられたという情報

カトリックの総本山である「バチカン」は、かつて唯一の世界規模の情報発信源だった。バチカンからの情報を人々は信じ、同じ行動を取っていたからこそ、世界を簡単に統制することができた。印刷機が発明される前、羊皮紙などに手書きした本はあまりに貴重かつ高価なため教会しか作ることができず、一般で読める人はいなかった。現代の常識からすると、中世以前の教会による異端審問や魔女狩りはバカげたものにしか見えないが、他に情報がない状況では「正しいこと」として通すことができた。

ちなみに、20世紀以降のディープ・ステートはそんなバチカンのやり方に倣《なら》ってテレビ局といった大手メディアを買い取り、情報統制を進めてきたが、今後Ｗｅｂ３・０の時代にはそれも完全に通用しなくなるだろう。

キリスト教はローマ帝国の国教だったが、４世紀後半からのゲルマン民族の大移動により西ローマ帝国が滅亡すると、バチカンは「教皇」を名乗って独立。権威を示すことで生き残りを図った。それまでのバチカンはローマに５つあったキリスト教区の１つにすぎなかったが、独立して以降はカトリックを称するようになる。カトリックとはギリシャ語で「普遍的」の意味だ。

以来、権威の象徴であり続けたバチカンだが、近年になって内部抗争が勃発しているとされる。現ローマ教皇のフランシスコに関しても「内部抗争の末に姿を消して、影武者に置き替えられた」との情報がある。実際、同性愛を認めるなど明らかに教皇の言動は変化している。

フランシスコは最近になって「キリスト教のコミュニティは、ある文明が他の文明よりも優れているとか、他の文明を強制する手段を取ることが正当である、などの考えを二度と持ってはならない」と話している。これは大航海時代にキリスト教の布教を名目にして、世界各地を征服していったことへの反省だ。

従来のキリスト教史観からすればとんでもない歴史修正であり、これを認めた日にはインディアンから国を奪ったアメリカは国家としての正当性を失い、ヨーロッパ諸国は南米など世界各地で謝罪行脚をしなければならない。

バチカン自体の世界への影響力や、カトリック信者たちの数のパワーはそうそう落ちることはない。バチカン銀行は世界の指導者たちの賄賂口座ともいわれ、その点でも強い権力を維持するはずだ。だがこうした発言で教皇への信頼が失墜するようだと、バチカンの将来は危うい。

「ロッジP2」の過激テロ行為

フリーメイソンから破門されたイタリア支部の危険思想

反共主義の旗のもと爆弾テロや暗殺を実行

秘密結社フリーメイソンは、怪しげな意匠と儀式内容の秘匿、会員同士が交わす符丁の存在などのせいで、陰謀論の世界では人類の支配を目論む集団とみなされてきた。一方で、近年はフリーメイソン自体の積極的な広報により、同団体は主に社交の場であり政治的な方向性はいっさい持っていないと認識されてきている。だが、果たしてそれは真実なのか？

フリーメイソンの支部（ロッジ）の一つ、イタリアの「ロッジP2」は爆弾テロを起こしたことで、同団体が政治的な方向性を持たないという認識を打ち砕いた。

ロッジP2には、1966年に極右活動家のリーチオ・ジェッリが入会。彼が1971年に代表に就任すると、グループは反共産主義の性質を強めていく。ロッジP2は南米諸国の反共産主義勢力に武器を提供し、CIA（米中央情報局）とも連携したとされる。

こうした活動は、当時左派政党が力を持っていたイタリア国内で批判を呼び、ロッジP2は1976年にフリーメイソンから破門される。しかし、その後も元メンバーによりロッジP2としての活動が秘密裏に継続し、1980年8月にはボローニャ中央駅で爆弾テロを実行。85人が死亡、200人以上が負傷する大惨事となった。彼らはこれを左翼テロ組織の犯行に見せかけようとしたと考えられている。

1981年に、ボローニャ中央駅の爆弾テロ事件や政府転覆謀議などの容疑でジェッリ代表に家宅捜索の手が入った際、ロッジP2の会員名簿が発見される。驚くべきことに、そこにはイタリア旧王家の王太子のほか、将軍、国会議員、閣僚、報道機関幹部、大学教授などの名があった。さらに、のちにイタリアの首相になる実業家シルビオ・ベルルスコーニの名もあったのだ。

さらに事件は続く。1982年にはバチカン銀行のメインバンク、アンブロシアーノ銀行が多額の使途不明金を出して破綻。頭取のロベルト・カルヴィに逮捕状が出されるが、彼は偽造パスポートで逃亡。このカルヴィはロッジP2のメンバーだった。

結果的にカルヴィの秘書は飛び降り自殺。カルヴィ自身も逃亡先のロンドンで見せしめのように橋から首を吊られた状態で暗殺された。この暗殺事件にはジェッリ代表のほか、バチカン関係者、CIAなどが関与しているともされる。

秘密結社であるフリーメイソンの秘匿性は、実際に恐ろしい陰謀の舞台にもなり得ることを示したのが、一連のロッジP2事件であったといっていいだろう。

「ローマクラブ」の人類削減計画
ビルダーバーグ会議に連なる欧米支配者層のシンクタンク

環境を破壊する人類は害虫であり、駆除が必要という思想

「ローマクラブ」は、コンピューター関連企業のイタリア・オリベッティの副社長で石油王としても知られるアウレリオ・ペッチェイらにより1970年に設立されたシンクタンクだ。主に扱うのは資源問題、人口問題、環境破壊、軍拡競争といった全地球的なテーマとなり、各国の科学者、教育者、経済人、各分野の学識経験者ら約100人で構成されている。

なお、ローマクラブの会員の多くがビルダーバーグ会議の参加者でもある。つまり、欧米の支配者階級の息のかかった団体と考えていい。

このローマクラブが1972年に発表した報告書『成長の限界』は、出版されるや世界的なベストセラーとなり日本でも話題になった。「人口増加や環境悪化、資源消費がいまのまま続けば、100年以内に地球上の成長は限界に達する」というのがその主張であり、環境問題を真面目に取り扱ったものとして一般的には知られている。

しかし、1982年のローマクラブの会議で設立者のペッチェイは人口抑制が必要であるとして、「人間は虫のようなもの。あまりにも増えすぎる」と発言している。まるで、地球

環境を破壊する人類を害虫とみなし、駆除しなければならないと言っているかのようだ。

さらに、ローマクラブの設立メンバーの一人である科学者アレクサンダー・キングは、蚊が感染を媒介するマラリアの予防に殺虫剤のＤＤＴが功を奏していることについて、「ＤＤＴが人口問題を大いに深刻化している」と発言したという。感染症など予防しないほうがかえって人口が減っていいという考え方なのだ。

彼らが策定した「グローバル２０００」という計画には、２０１０年までに全世界から25億人を削減する目標が記されていた。これは表向きには、アメリカのカーター政権時代に米国務省と環境問題委員会によって提出されたレポートの形を取っている。恐ろしい計画というしかないが幸いなことにその目標は達せられていない。

だが、現在の新型コロナウイルスのパンデミックの背景にこの「グローバル２０００」が存在しないとは言い切れない。過去のエイズ、エボラ出血熱、ＳＡＲＳ、狂牛病、新型インフルエンザなどの大流行もそうだ。

ちなみに、ローマクラブの設立者ペッチェイは、１９８４年、油田の視察中にヘリコプター墜落事故で死亡している。原因不明のこの事故については暗殺説もささやかれている。

「英国王立国際問題研究所」の陰謀
「チャタムハウス」と呼ばれる欧米支配組織の最高機関

ロックフェラー家、ビルダーバーグ会議すら指揮下に

英国王立国際問題研究所（ＲＩＩＡ）は通称「チャタムハウス」と呼ばれるシンクタンクで、植民地政策を討議するために、英貴族らによるラウンドテーブル（円卓会議）として19世紀末頃に発足した。ただし、現行の組織は１９２０年にベルサイユ講和会議（第一次世界大戦の講和）の際、英米の外交官や学識者らの交流の場として創設された形となっている。

欧米主導の世界支配を推し進めるシンクタンクや会議として、外交問題評議会や三極委員会、ビルダーバーグ会議などが知られるが、これらはいずれもチャタムハウスの下部組織として機能しているともいわれている。さらに、ロックフェラー家の先代当主デイヴィッド・ロックフェラーもまた、チャタムハウスの指揮下にあったという説もあるほどだ。

なお、チャタムハウスは英王室の後援を受けているばかりでなく、法人会員としてロスチャイルド家の息のかかった銀行・企業が名を連ねていることから、ロスチャイルドの意向がかなり反映されている可能性もある。

そのチャタムハウスで20世紀の終わり頃に議論されたのが、イギリスの旧植民地からなる

英連邦（カナダ、オーストラリア、ニュージーランド、インド、パキスタンなど）を活用して、経済面での新たな〝大英帝国〟を21世紀に作り上げるというテーマだ。

具体的にはオーストラリアを上手に活用して東南アジアや東アジアを囲い込むというプランが提案された。事実、オーストラリアはこれ以降、硬軟の対応を使い分けつつ中国との関係を急激に深めてきた。ただし、２０２３年現在、中国との関係は冷え込んでおり、今後の動向が注視されている。

その他、チャタムハウスは意外な分野の報告書も出しており、その一つが全世界のインフラを宇宙から支えている衛星インフラへのサイバー攻撃を警告する内容のものだ。至極まっとうな提言とも思えるが、こうしたシンクタンクの主張の背後には新たなビジネスが控えていると考えるべきだろう。つまり、人工衛星を狙ったサイバー攻撃に対するセキュリティビジネスだ。

同報告書は、人工衛星をハッキングして乗っ取り、兵器化することも可能だと説く。となれば、実際にそれが可能であり恐ろしい結果をもたらすことを示すため、〝テロリスト〟の仕業と見せかけて実際に人工衛星が落とされるかもしれない。それは、新たな大英帝国の囲い込みにやすやすと応じない中国のどこかの都市であろうか。

「外交問題評議会」の世界政府構想
米政財界の実力者が集うアメリカ版「チャタムハウス」

目的のためには世界征服さえ厭《いと》わないユダヤ系組織

「外交問題評議会（CFR）」は、ベルサイユ講和会議（第一次世界大戦の講和）に参加した外交官や研究者らが、イギリスの英国王立国際問題研究所（チャタムハウス）の対となるアメリカ側の組織として設立。

外交官や研究者のほか、米政府関係者、議員、大企業のトップなど、アメリカの政財界の実力者がその会員名簿には並び、役員にはユダヤ系アメリカ人が多い。これはアメリカの政財界でユダヤ系が幅広く活躍しているためだ。なお、設立当初は大財閥モルガン家の関係者が役員を占めていたが、第二次世界大戦後はロックフェラー家がそれに代わり支配を強めていった。

外交問題評議会の会員は合衆国市民と永住権取得者にかぎられるが、国際諮問委員会の委員として日本から元財務官・行天《ぎょうてん》豊雄や元国連難民高等弁務官・緒方貞子、富士ゼロックス相談役の小林陽太郎が就任していた。論文寄稿者には吉田茂、細川護熙《もりひろ》、中曽根康弘などがいる。

外交問題評議会は『フォーリン・アフェアーズ』という外交誌を発行しており、その記事はアメリカをはじめとして各国政府の政策に強い影響力を及ぼしている。例えば、2005年には、「鳥インフルエンザの流行よりも多くの犠牲者が出るのは、『世界核戦争』が起きた場合だけだ」と不気味な予言を行い、この記事と前後して世界各国で治療薬タミフルが爆発的に売れた。

これによりタミフルの開発元である米ギリアド・サイエンシズ社の株価が上がり、その元会長にして大株主である当時の国防長官ドナルド・ラムズフェルドは莫大な富を手にする。ラムズフェルドはロックフェラー系の製薬会社の幹部社員を務めていた経歴を持つ人物だ。

そしていま、コロナ禍のこの時代に『フォーリン・アフェアーズ』誌は、新型コロナウイルスが人工的に作られたという説について「一定の信憑《しんぴょう》性を持っている」と述べ、さらに将来的には「新型インフルエンザウイルスが、新型コロナウイルス以上に深刻で壊滅的なパンデミックを引き起こす」という不気味な予言を発信している。

彼らはいったい世界をどこへ導こうというのか？　外交問題評議会の主要メンバーであるジェームズ・ウォーバーグは1950年に、上院外交委員会で「我々は、皆さんの同意のありなしにかかわらず世界政府を作るだろう。皆さんの同意が得られればそれでいい。さもなくば征服あるのみだ」と発言している。同様の内容は、海軍法務官を務めたチェスター・ウォード海軍大将も発言しており、彼によるとこれは外交問題評議会メンバーの共通認識だという。

「三百人委員会」のディープ・ステート支配
英王室が三百人委員会の決定を代弁し、それを下位組織が実行

基本理念は「優性思想」「選民思想」「悪魔主義」

ディープ・ステートのなかでも最上階層とされる「三百人委員会」。

イギリスが設立した東インド会社における1727年の300人の会議がその始まりで、世界の有力貴族たちや、ロスチャイルド家、ロックフェラー家などがここに名を連ねる。その詳細は決して公表されることはなく、三百人委員会の決定を代弁するのが英王室の役割ともいわれる。

世にいわれる様々な秘密結社も、すべてが三百人委員会の下位組織であり、その影響力は各国の政府や公的組織にまで及ぶという。

実業家、政治家、著述家の顔を持つアシュケナージ系ユダヤ人のヴァルター・ラーテナウは、第一次世界大戦の頃、「互いに知己である〝300人〟の男性が大陸の経済的運命を誘導し、彼ら自身の周囲から後任者を捜し求める」と三百人委員会について語った。同時期、ユダヤ人秘密結社による世界支配の陰謀について記された〝偽書〟である「シオン賢者の議定書」がヨーロッパ全土で流行すると、三百人委員会こそが世界支配を目論む秘密結社だと

名指しされた。こうした疑惑が増すなか、ラーテナウは「〝300人〟とは秘密結社のことではなく、ビジネス界のリーダーたちのことだ」と弁明したが、極右組織によって1922年に暗殺されてしまう。

三百人委員会の基本理念は「優性思想」「選民思想」「悪魔主義」で、その決定はイルミナティや下位の秘密結社によって実行される。以下、ディープ・ステートの最上階層にふさわしい、三百人委員会の綱領の一部を抜粋する。

「三百人委員会の指揮の下に宗教・経済を統一して、新世界秩序を確立する」「国家と国民の存在意義と誇りを破壊する」「麻薬やポルノを合法化して庶民の日常にあふれさせる」「三百人委員会が認めない科学の発展を抑制する」「局地的な戦争を起こし、発展途上国の飢餓と病気を広め、大規模な人口削減を2050年までに実行する」「国家全体の道徳心を低下させ、労働者の生産意欲を失わせる」「意図的に危機的状況を起こし、支配層を除いた全人類に無力感を植えつける」「信教の自由を世界中に広め、既存のキリスト教などを破壊する」「世界の経済を崩壊させるとともに政治的混乱を起こす」「世界各国すべての政府中枢に介入して内側から破壊する」「世界的なテロリストグループを組織する」「世界各国の教育をコントロールする」……。

これらにより「かぎられたエリート支配者層と人間牧場化した奴隷たちの世界」を作ることが、三百人委員会＝ディープ・ステートの最終的な目標ということがよくわかる。

「国際決済銀行」のヤバい正体
各国の中央銀行を操る〝国際金融マフィア〟

ナチスに融資しボロ儲けしたロックフェラー家

スイス・バーゼルの国際決済銀行（BIS）は、通貨発行を行う各国の中央銀行が加盟する〝中央銀行の銀行〟だ。その役割は、世界の通貨と金融の安定のために各国の中央銀行の協調を促すことであり、中央銀行からの預け入れも受けつけている。

金融に詳しい人なら「バーゼル規制」は知っているだろう。国際業務を行う銀行の自己資本比率を引き上げさせることを目的とした規制だが、日本では1993年から適用された「バーゼルI」により、自己資本比率8％の要求に満たない日本の銀行の多くが国際業務からの撤退へ追い込まれた。そのため、バーゼルIは日本の銀行の弱体化が目的であったといわれる。

国際決済銀行は、どの国の法にも支配されない超法規的な機関であることから、事実上の〝国際金融マフィア〟であると考える者もいる。運営は密室で行われ議論内容は非公開。スイス当局も行内へ無断では入ることができず、職員は免責特権や非課税所得の恩恵を得られる。第二次世界大戦中には、枢軸国側のドイツ・イタリア・日本の銀行家と、連合国側のイギリス・フランス・ベルギー・オランダの銀行家らが机を並べて仕事をするという奇妙な光景が見られたという。

この特殊な銀行は当初、第一次世界大戦で敗戦国となったドイツの賠償金支払い窓口として1930年に設立された。しかし、ナチスがドイツで権力を掌握すると逆に、アメリカやイギリスからの資金をナチスへ融資する際の窓口となる。

同行がナチスへの資金供給窓口に変貌したのは、国際決済銀行の設立者の一人であるジョン・フォスター・ダレスと、その弟でのちにCIA長官となるアレン・ダレスがヒトラーと会談して以降だ。資金を得たナチスはドイツの再軍備を急速に進め、第二次世界大戦が勃発したが、結末は知ってのとおり。一説には、ナチスが欧州各地から略奪した金塊は戦後に国際決済銀行が預かり、ロンドン金融街シティやニューヨーク金融街ウォール街で運用。国際決済銀行の大株主であるロックフェラー系の銀行、シティバンクに莫大な富をもたらしたといわれる。

つまり、ロックフェラー家は国際決済銀行を介してナチス・ドイツを戦争に誘導し、欧州各地で〝火事場泥棒〟をさせ、戦後においしいところだけを持っていったことになる。なお、国際決済銀行の設立者のダレス兄は、ロックフェラー家の女性と結婚して同家の閨閥《けいばつ》となっている。

ちなみに、このダレス兄は戦後、日米安保条約の〝生みの親〟となり、日本の保守系政治家からは「ダレスの親父さん」として慕われると同時に恐れられたという。

「テンプル騎士団」の金融システム

近現代の金融経済の基礎を作った宗教騎士団

漫画『ワンピース』の「Dの一族」のモデルとも

テンプル騎士団は正式名称を「キリストとソロモン神殿の貧しき戦友たち」という。中世ヨーロッパにいくつも誕生した宗教騎士団のうちの一つで、ドイツ騎士団、ヨハネ騎士団と並ぶ三大宗教騎士団に数えられた。

1119年、フランスの騎士ユーグ・ド・パイヤンが聖地エルサレムへの巡礼に向かう人々を保護することを目的として創設。宿舎としてソロモン神殿跡を与えられ、「神殿＝テンプル」ということからテンプル騎士団と称された。

1128年にはローマ教皇直属の修道会として公認されたが、1291年にエルサレム王国の最後の都が陥落して十字軍の活動が終わると聖地から追われることになる。最後の団長となったジャック・ド・モレーと騎士団の幹部たちは、フランス王フィリップ4世の策謀によって異端審問にかけられて、1314年に生きたまま火あぶりで処刑されている。

騎士団が解散に追い込まれた原因は、その活動のなかで蓄えた巨万の富にあった。テンプル騎士団は、遠征の際に他の騎士団らの財産を安全に管理したことによって信用を得ると、預かった金品を運用する国際金融業務を行うようになった。その結果、フランス王室やローマ教皇までが口座管理を任せるようになり、テンプル騎士団は当時のヨーロッパにおいて一番の資産を築き上げることになる。この時に構築した金融システムは、世界初の銀行というべきもので、共通紙幣までも発行していた。つまり、近現代における金融経済の基礎を作ったのがテンプル騎士団だったのだ。

フィリップ4世は、金融ビジネスによって拡大を続ける騎士団の財力が王権の障害になると考え、財産を没収するため弾圧を加えた（自身も騎士団に多額の借金があったといわれる）。

テンプル騎士団の伝説としては、「エルサレム神殿の跡地から聖杯（もしくは聖櫃《せいひつ》、イエス磔刑の際の十字架）を発見した」というものがあり、小説『ダ・ヴィンチ・コード』では「イエス・キリストとマグダラのマリアの間に産まれた子と、その子孫を匿《かくま》っていた」とされている。

歴代団長23人のうち、20の名前に「ド＝ｄｅ」の文字が入っていることから、漫画『ワンピース』における「Ｄの一族」のモデルだともいわれる。

テンプル騎士団の生き残りたちが「Ｄの遺志」を継いで、のちにフリーメイソンを結成したとする説もある。

「グノーシス派」秘密結社の選民思想

「狂った世界」を壊す特権階級の持つ秘密の知識

反ディープ・ステートの立場でトランプを支援

「世界を裏で支配するのは悪魔崇拝の秘密結社だ」という主張をSNS上で展開する「Q」なる人物と、それを信奉する多くのネットユーザーたち。そんなアメリカの保守派のなかで台頭する「Qアノン」と、キリスト教初期に広まった「グノーシス主義」の類似を指摘する声がある。

グノーシスとはギリシャ語で「認識・知識」を意味する。1世紀から3世紀にかけて地中海世界とイラン、メソポタミアで流行したグノーシス主義の思想はかなり難解だが、形式的な部分だけをいうと「少数のエリートや特権階級だけが内部情報を理解し得る」ということになる。そして「グノーシス派」の人々は、その秘密の知識が、救いや悟りの鍵になると信じていた。

単なる類似というだけでなく「Qアノンのムーブメントを作り、トランプ大統領誕生の後押しをしたのはグノーシス派の秘密結社だ」とする主張もある。グノーシス派の秘密結社がトランプを支援する理由は、ディープ・ステートに対抗するためだ。

グノーシス派の思想は時代によって様々なバリエーションがあるが、その根本は「物質と霊の二元論」にある。「地上の物質世界は狂っていて、霊的な世界からグノーシス＝知恵を与えられることで狂気の物質世界から解放される」というのが一例だ。

現代におけるグノーシス派の秘密結社も根本は同じで、現実世界のすべてを「狂ったもの」と考える。そして狂った世界＝ディープ・ステートによってコントロールされている現状を破壊する者として選ばれたのがトランプだったというわけだ。

グノーシス派の思想からすれば、宇宙全体が悪であり、そこから脱して善なる霊的な存在へ解脱することが最終的な目標ということになる。ディープ・ステートの選民思想とはまったく異質ではあるが、グノーシス派の「狂った世界を壊す」という考え方と、ディープ・ステートの「ハルマゲドン」は、最終的に世界を崩壊させるという点では同じであり、どちらが正しいなどと言えるようなものではない。

２０１６年の米大統領選に勝利したトランプは、ディープ・ステートの支配の一部をパージすることには成功したが、完全に潰すまでには至らず、次の大統領選ではバイデンを擁するディープ・ステート側が勝利した。だが、そのバイデンも国家破綻を防ぐことに苦慮し、ディープ・ステートとグノーシス派秘密結社の戦いはむしろこれからが本番とされる。アメリカを震源地とする世界的大混乱が始まる日は近い。

「アシュケナージ系ユダヤ人」の真実
迫害のなか富と権力を手に入れディープ・ステートを構成

人類の9割を削減し、残った人間を奴隷に

「アシュケナージ」とはヘブライ語でドイツの意味。ローマ帝国にエルサレムを追われて世界各地へ散らばったユダヤ人のうち、ドイツや北欧に定住した人々やその子孫をアシュケナージ系ユダヤ人という。現在全世界に1500万人前後いるユダヤ人のうち、およそ9割がこのアシュケナージ系ユダヤ人である。彼らは高い知能を有する傾向にあるといわれ、かのアルベルト・アインシュタインや精神医学者のジークムント・フロイトらがアシュケナージ系ユダヤ人だという。

かつて現在のウクライナとその周辺地域に存在したハザール王国は、イスラム教を信仰する中東と、キリスト教を信仰するローマの双方と良好な関係を続けるため、あえてそれらとは異なるユダヤ教を国教にしたといわれる。そうすると、ハザール王国の消滅後にドイツ方面へ移住したアシュケナージ系ユダヤ人は伝統的なユダヤ民族ではなく、いわば〝ビジネス・ユダヤ人〟ということになる。そのなかには表面的にはユダヤ教に改宗しながら、古代から伝わる悪魔崇拝を続ける者も一部には存在したという。とはいえ中世から近代にかけて

ヨーロッパ各地で迫害を受け、ゲットーと呼ばれる居住区に隔離され、職業を限定されながらもユダヤ人としてのアイデンティティを保ち続けてきたのだから、単純にニセのユダヤ人と決めつけることもできない。

中世ヨーロッパ社会でユダヤ人が就くことができる職業は制限されており、そこで目をつけたのが金融業、つまりは金貸しだった。シェイクスピアの戯曲『ヴェニスの商人』で主人公にお金を貸したシャイロックは、当時ヨーロッパに住んでいたユダヤ人の特徴をいくらか誇張して描いたものだとされる。

この当時のヨーロッパでは、お金を貸して利息を取ることをキリスト教は禁じていた。金貸しは下賤《げせん》な職業とされていたが、他に仕事のないユダヤ人たちは、やむなく金融に携わっていた。

この時期に金融のノウハウを確立してビジネスを拡大していったアシュケナージ系ユダヤ人たちは、いくつもの王国が乱立するヨーロッパのなかで、戦費を必要とする国王たちに積極的に融資をすることで大きな財を成していった。

第二次世界大戦では多くのユダヤ人がホロコーストの犠牲となるなかにあって、一部の者たちは富と権力を手に入れ、その後のディープ・ステートを構成することになったとされる。

そのディープ・ステートの最終目的は、「ハルマゲドンを自らの手で起こして人類の9割を削減し、残った人間をアシュケナージ系ユダヤ人の奴隷とすること」である。

「MI6」のスパイたちの実態

007ジェームズ・ボンドが所属する英情報機関

映画のものよりも優れているスパイ道具

「MI6（通称）」はイギリスの外務省に属する情報機関で、主に情報収集や情報工作といった諜報活動を任務としている。日本では「秘密情報部」と呼ばれ、また近年はイギリスでもMI6ではなくSIS（シークレット・インテリジェンス・サービス）と称されることが多い。国内の治安維持や防諜、テロ対策に当たるのはMI5（SS＝セキュリティ・サービス）。アメリカのCIAに当たるのがMI6で、FBIに当たるのがMI5ということになる。

第一次世界大戦後、それまで複数の官庁がそれぞれ諜報組織を設けて活動していたものを一元管理することになり、1930年代後半にMI6の名称になった。他の組織としてはMI1（暗号解読）、MI2（極東、アメリカ、ソ連、中東、スカンジナビア担当）、MI3（東欧、バルト3国担当）、MI4（地図の作成と解析）などがある。

MI6の名を世界的に広めたのが映画「007シリーズ」だ。主人公のジェームズ・ボンドはMI6のスパイという設定で、アストンマーチンを颯爽《さっそう》と駆り、世界中を飛び回る。その変装や秘密道具に心ときめかせた人も多いだろう。

そんなスパイの姿は実態に即したものなのか。2018年11月、イギリスのラジオ番組に匿名で出演した現役MI6職員によると「自家用車ではなくバスや地下鉄を使うことが多い」「普段から銃を携行しているわけではない」とのこと。ただし映画で秘密兵器を開発する「Q」は実在するそうで、Qの作るスパイ道具は映画のものよりも優れているのだという。

実際のMI6は映画のように華麗に事件を解決するばかりではない。2010年8月、暗号解読のエキスパートとしてMI6に出向していた30歳の職員が、ロンドン市内のアパートの部屋で死亡しているところを発見された。腐敗した遺体は全裸で、浴槽の中に置かれた旅行カバンに入った状態。カバンには外から南京錠がかけられていた。

明らかに殺害された様子でありながら、この件を捜査したロンドン警察は「他殺ではなく、自分でカバンの中に入った」と結論づけ、「職務ともまったく無関係だったと確信している」とコメント。いろいろと闇深く、スパイの悲哀を感じさせる事件であった。東西冷戦時代には、MI6の情報をソ連へ流した二重スパイ事件もたびたび発覚している。

なお近年は増加する国際テロに対応すべく、MI6の公式ホームページを立ち上げて、そこで新人募集を行っている。

「ナチス」とヒトラーを操った黒幕
ユダヤ人弾圧はディープ・ステートの計画説

「ホロコースト＝悪魔に生贄を捧げる儀式」という主張

ナチスの正式名称は国家社会主義ドイツ労働者党。アドルフ・ヒトラーはこの党名について「国家＝民族全体のあらゆるものを包む愛情で、必要とあればそのために命をも投げ出すこと」、「社会主義＝民族同胞のための労働という倫理的義務」、「労働者＝体を使って働く人、労働を軽視するユダヤ人とは異なり、労働を恥じないゲルマン人」と説明している。

ヒトラーの出自についてはいまだに謎の部分が多く、「実はアシュケナージ系ユダヤ人であった」とする説も根強くささやかれている。ヒトラーもナチスも単独で存在したのではなく、数百年にわたってハザール王国の復活を望んできたアシュケナージ系ユダヤ人＝ディープ・ステートのプロジェクトの一部だというのだ。戦後ドイツの諜報機関関係者や科学技術者がアメリカに勧誘されたのも、出自を同じくする米ディープ・ステートの意向であったと考えれば納得がいく。

この説に則れば、ヒトラーによるユダヤ人弾圧もまた、ディープ・ステートの意向に沿ったものだったことになる。当時ユダヤ人はヨーロッパの各地で迫害を受けてはいたが、とはいえ先祖代々住み慣れたヨーロッパを離れて砂漠だらけのパレスチナへなど行きたくない。報奨金を出すと言ってもヨーロッパにしがみついて離れない者が多くいた。そこで「行かないと殺すぞ」と言ったのがヒトラーだったという。ヒトラー率いるナチスがユダヤ人をパレスチナに追放する過程において、苛烈な弾圧が行われたことは確かである。しかしユダヤ人弾圧は当時ヨーロッパのいたるところで行われていたことであり、ヒトラーにかぎった話ではなかった。

そうしてヒトラーが強制的にユダヤ人をヨーロッパから排除した結果、戦後にイスラエルが国家として独立することができたのだという。

ナチスドイツ最大の悪行としていまに伝えられる「ホロコースト」も、その本来の意味は「悪魔に生贄を捧げる儀式」であったと、ヒトラー＝ディープ・ステート論者は主張する。

第二次世界大戦終結直前の1945年4月30日にヒトラーが自殺して、その遺言で「党担当大臣」に任命されたでマルティン・ボルマンも消息を絶ったことでナチスは解散状態となった。一部の幹部は逃亡を図り、その多くは南米に逃れていった。ユダヤ人抹殺の計画立案者であるアドルフ・アイヒマンは、アルゼンチンに潜んでいたところをモサドの工作員が発見。イスラエルに連行されて絞首刑に処された。なお、のちにアメリカで公開された資料には、ＣＩＡが逃亡中のアイヒマンと緊密に連絡を取っていたことが記されている。

「ネオナチ」の祖「バンデリスタ」
ナチスドイツと同盟した様々な民族が発祥の極右集団

ネオナチとディープス・テートとの関わり

2022年2月24日、ロシア軍によるウクライナへの侵攻開始の直前にプーチン大統領は「ウクライナの非軍事化と非ナチス化を目指す」と演説した。プーチンはここ数年にわたってウクライナのゼレンスキー政権を「ネオナチ」と呼び、「NATOの主要国がそのネオナチ勢力を支援しているのだ」と糾弾してきた。

これに対して「侵略のためにでっち上げたデタラメの言い訳だ」「プーチンは精神を病んでいる」などの報道が見られるが、そうではない。

現在ネオナチと呼ばれる集団は世界各地に存在するが、そのほとんどが実はヒトラーのナチスドイツを信奉しているわけではない。「外国人移民の排斥」や「民族純血主義」を主張する極右集団であって、鉤十字をシンボルとはしていても、それはただのファッションアイコンにすぎない場合が多いのだ。

プーチンの主張するところの「ウクライナのネオナチ勢力」も基本的にはそれと同じで、他国のネオナチと異なるのは、政権中枢と深い関与があるとされることだ。

もともとウクライナでネオナチを名乗って活動していたのは「アゾフ」と呼ばれる集団だったが、これにゼレンスキー政権のスポンサーである富豪のイーホル・コロモイスキーが積極的に援助をした。そのせいでコロモイスキーは、２０２１年に米国務省から入国拒否の処分を受けている。

ネオナチ勢力を手駒に使い、ウクライナ侵攻開始以降は「アゾフ大隊」を正式に国軍に組み込んだことから、プーチンがウクライナを「ネオナチ国家」と呼ぶのもある意味当然だろう。

第二次世界大戦において、ナチスドイツはソ連を侵略する際に、それまでに制圧した地域からドイツと同盟になる民族を募って、「バンデリスタ」というネオナチス組織を作った。戦後の日本でアメリカが、日本統治の先兵として在日朝鮮人らを利用したのと状況は似ている。ナチスと同盟してネオナチを名乗った様々な民族は、それまでのソ連による圧政への反発もあって、各地で蛮行に及んだと伝えられる。プーチンとしては、そのことへの苦い思いもあるのだろう。

ウクライナのネオナチ部隊が去った戦地には悪魔崇拝の儀式の痕跡が見つかっているともいわれ、このことからネオナチとディープ・ステートとの関わりも見えてくる。また彼らはこの地でディープ・ステートによる悪事の先兵を務めていたともされる。

「ユダヤロビー」の絶大な政治力
イスラエルのために米政府を動かす政治組織

資金面などで活動を支えるディープ・ステート

アメリカにはおよそ530万人のユダヤ系市民がいるという。人口でいえば全体の2％にも満たないが、その組織力と投票率の高さは他の人種と比べようもない。最も重要である大統領選挙においては激戦区に人口を集中させることも珍しくないという。

学会やマスコミにおいてもユダヤ系の人々の発言力は大きく、世論を動かすうえでも決して無視できないだけの存在感を示している。積極的に政治に関わる人々は「ユダヤロビー」と呼ばれ、その力をイスラエルのために行使する。ディープ・ステートとの関わりから伝統的にユダヤ系の大半は民主党を支持し、民主党の大統領の時にはことさら影響力を発揮する。資金面などで活動を支えるのはもちろんディープ・ステートだ。

イスラエルが1948年に建国された当初、世界の多くの国がイスラエルという国家の正当性に疑義を抱いていた。イスラエルの地の原住民族だったパレスチナ人や、それを支援するアラブ国家との軋轢《あつれき》もあるなかで、イスラエル領土を守り続け、さらに領土拡大までできたのはこれを支持するアメリカがあってのことで、その米政府を動かしてきたユダヤロビーの力によるものだった。

「核なき世界」を表明してノーベル平和賞を受賞した民主党のバラク・オバマだが、イスラエルに対しては「自衛権を認める」とだけ話し、２００８年にイスラエルがガザ地区で行った空爆と市民の虐殺を支持する姿勢を見せた。

　次に大統領となった共和党のドナルド・トランプも、米歴代政権が継続してきた政策を転換してエルサレムをイスラエルの首都として正式に認めることを発表した。イスラエルとパレスチナが最も激しく対立する問題の一つであるエルサレムの所有権をイスラエルに認めたことはまさに歴史的な出来事である。もちろんイスラエルはこれを歓迎したが、国際社会からは「火に油を注ぐ行為だ」として非難が相次いだ。それでもトランプは「中東和平プロセスを前進させるため」と話すばかりであった。

　反ディープ・ステートの立場を取るトランプですらユダヤロビーに動かされるのだから、その交渉能力の高さには驚かされるばかりだ。トランプとしてはイスラエルにエルサレムを与える一方でパレスチナ人の独立国家を樹立して、２つの国家を正式に共存させる腹積もりだったというが、いまのところユダヤロビーのタフネゴシエーターたちがその提案を受け入れる様子はない。

「イスラエル」とディープ・ステート
パレスチナの地での国家誕生を支援したロスチャイルド家

現政権が目指すユダヤ教を最上位に置いた独裁国家

国際連合総会における「パレスチナ分割案勧告」に則って1948年に建国されたイスラエル。東西ヨーロッパで迫害されていたユダヤ人たちがパレスチナ地域に押し寄せたことで、もともと暮らしていた人々や、その同胞である周辺諸国のアラブ人との間に激しい衝突が起こった。

イスラエルを建国したユダヤ人の多くは「シオニスト」と呼ばれる。「シオン」とはエルサレムのシオンの丘のことでパレスチナの旧名。古代ローマの時代に離散したユダヤ人たちが、シオン＝パレスチナに帰ってユダヤ人の民族的拠点を設置しようという「シオニズム」なる思想・運動が、イスラエル建国とその後の中東地域の混乱の背景にあった。

ヨーロッパで迫害を受けていた（ロシア帝国崩壊に伴うユダヤ人虐殺も含む）ユダヤ民族たちのパレスチナへの移住を支援したのがロスチャイルド家である。もちろんただの善意ではない。中東の石油資源を確保しつつ、アシュケナージ系ユダヤ人の本拠地を作ることが目的だった。なお初代イスラエル首相と大統領はどちらもシオニストではなく、ロシア帝国の出身だった。

ユダヤ人のための国として誕生してから70年以上。アラブ社会との軋轢《あつれき》から生じた4次にわたる中東戦争をはじめとする数多くの紛争において、イスラエルを支えたのはアメリカだった。

だが、そんなイスラエルがここにきて分裂状態になっている。

2022年12月に発足した第6次ベンヤミン・ネタニヤフ政権の中枢は宗教シオニズムを掲げる極右政党で、彼らは「メシアの到来を早めるために、約束の地であるイスラエルの地の宗教的支配を徹底する」との思想を掲げて司法改革に乗り出した。要するに「ユダヤ教を最上位に置いた独裁国家を作ろう」ということだ。裏の事情としては、ネタニヤフ首相自身が汚職スキャンダルで刑務所に入るか入らないかの瀬戸際にいて、そんな状況を打破するために「ユダヤ教は法の上の存在だから法律は関係ない」「すべては我々が決めるんだ」といって逮捕を逃れようという目的があるとされる。イスラエルを独裁国家とすることは、ディープ・ステートが支配するうえでも都合がいい。

だが従来の民主主義による法治国家を望む一般のイスラエル国民はこれに反発して、連日10万人規模のデモを繰り返し、一向に収まる気配がない。ネタニヤフ首相とその息子たちは「大規模デモの背後に米政府がいる」と主張しており、これはシオニズムに基づいてイスラエル支援をしてきたロスチャイルド家と、中東の利益を追求するロックフェラー家の争いを示唆している。

「モサド」の世界最高峰〝暗殺〟能力

イスラエルに敵対する国家を誅する最恐のスパイ組織

国家のために世界中でテロを含めた特務工作を実行

イスラエル諜報特務庁、通称「モサド」。1900年代初頭に存在したユダヤ人軍事組織「ハガナー」をベースとして、主にイスラエルに敵対する国家への諜報活動や特務工作を担当している。職員数は正式に明かされていないが、現在は約7000人を擁するといわれ、西側ではCIA（中央情報局）に次ぐ2番目に大きな諜報機関ということになる。

モサドの名を世界に知らしめたのが、1960年にホロコーストの責任者だったアドルフ・アイヒマンを逃亡先のアルゼンチンで拘束した件。モサドはアイヒマンをイスラエルに連行し、イスラエル国民の前で裁判にかけ、絞首刑に処してみせた。

隠密活動に優れ、2018年4月にパレスチナ武装組織ハマスのエンジニアが至近距離で銃殺されるとモサドの関与を疑われたが、監視カメラに手掛かりはいっさい残っていなかった。

2020年11月にはイランのテヘラン郊外で核開発に関わっていたイラン人科学者を暗殺したとされる。GPSや顔認証で居場所を特定し、自動車の荷台に積んだ遠隔操作のマシンガンで殺害した。現場に犯人の姿はまったく見当たらなかったというからスパイ映画さながらだ。

イランの核開発関係者は、２００７年以降で６人がイラン国内で暗殺され、いずれもモサドの仕業とされている。暗殺の実行においては数ある世界的諜報機関のなかでもトップクラスといえるだろう。

諜報活動のハイテク化を進める一方で、ローテクにも抜かりはなく、報酬で募った一般人をだまして諜報活動に加担させるケースも増えているという。２０１７年２月、マレーシアのクアラルンプール国際空港内で北朝鮮の金正男《キムジョンナム》が一般女性２人組に殺害される事件が起きたが、この手口を指導したのもモサドだったと伝えられる。北朝鮮とイスラエルに国交はないが、裏世界の繋がりは表の常識だけでは測れない。

スパイ工作目的でイルカを訓練して使っているとの情報もあり、実際にイスラエルの海岸沿いでハマスの戦闘員が「イルカ兵器」に殺害されたと伝えられる。

元モサドの幹部は「イスラエルは自分たちの周りで何が起きているかを知り、理解することは生きるために必要な生活の一部なのです」と語る。周囲を敵性国家に囲まれるイスラエルにとって、そして背後で支えるディープ・ステートにとっても、優秀なインテリジェンスは必要不可欠なものなのだ。

「米軍産複合体」の戦争ビジネス
ウクライナ戦争は儲かるまでやめさせない非人道性

バイデン米大統領は〝軍産複合体の手下〟

世界の誰も予想しなかったウクライナ侵攻の長期化。大国ロシアが2022年2月にウクライナへ軍事侵攻した時は、長くても数カ月で決着がつくだろうとみられていた。しかし、ウクライナは、欧米諸国から支援を受けて徹底抗戦。どちらも決め手のないまま戦争は長引き、終息の気配がまったく見えない状況が続いている。

国連人権高等弁務官事務所によると、2023年2月までにウクライナでは少なくとも7199人の民間人の死者が確認されている。英国防省の推計では、ロシア軍の死者は4万～6万人とされる。ウクライナ政府は、自軍の兵士1万～1万3000人が死亡したと明らかにした。どちらが勝っても負けても甚大な被害だけが残り、誰も得をしない泥仕合となっているのだ。

しかし、実はこの戦争で「得している国」がある。その国家とは大々的にウクライナを支援しているアメリカであり、正確にいえば同国の軍産複合体（軍需産業を中心とした政府機関、軍隊、企業、研究機関などの連合体）が〝戦争ビジネス〟で潤っているのだ。

アメリカのウクライナ支援は、2023年2月までの累計で約4兆円にのぼり、これからも巨額の予算がつぎ込まれるとみられる。ウクライナへ提供される兵器は、ロッキード・マーティン、レイセオン・テクノロジーズ、ノースロップ・グラマンなどアメリカの大手兵器メーカーが生産し、その関連事業も含めて莫大な資金が動いている。そうした武器生産による利益だけでなく、アメリカは安全保障の危機意識が高まっているウクライナ周辺の東欧諸国にも兵器を売り込もうと目論んでおり、ウクライナ侵攻は〝兵器の見本市〟だと指摘されている。

ウクライナ侵攻の一つの引き金となったのは、ロシアを刺激した「NATOの東方拡大」だが、これにバイデン米大統領が上院議員時代から深く関わっていたのは有名だ。当時、バイデン大統領は〝軍産複合体の手下〟として動いていたとされ、大統領にのし上がった背景には軍産複合体からのサポートがあったといわれる。そのバイデンが大統領になってからわずか1年後にロシアがウクライナに侵攻し、アメリカなどの支援によってウクライナが抵抗を続けて戦争が長引き、米軍産複合体が潤う。ただの偶然だとはとても思えない。

だが、誤算もあった。世界的サプライチェーンの混乱で、兵器メーカーの生産ペースが上がらず、それほどの利益が出ていないのだ。結果、ウクライナ侵攻は多大な犠牲を出しながら「アメリカの軍産複合体が十分に儲かるまでやめない」という、理不尽な長期化の道をたどっている。

「米軍」が目指す世界政府構想
宇宙人と戦うための「地球防衛軍」を創設

世界政府大統領はドナルド・トランプが有力

現状、ディープ・ステートへの対抗姿勢を明確に示しているのが米軍だ。

金融資本を最大の武器とするディープ・ステートは、軍やインテリジェンス組織をコントロールすることは難しい。軍をあまり締めつけると武力によるクーデターを起こされかねないため、ディープ・ステート側としてはあまり強く出られない。その結果、現在世界の各所で「軍とスパイ当局」vs「西側政府とそれを操る勢力」の戦いが陰日向に繰り広げられている。

アメリカにおいて、ディープ・ステートの影響下にない米軍サイドの軍産複合体に最も影響力があるのが海兵隊総司令官のデビッド・バーガーだ。米大統領直轄の文官である海軍長官よりも、海兵隊総司令官のほうが現場をコントロールする力を持つ。

その一方で、現在の米軍は宇宙軍が統括しているとの情報もある。イーロン・マスクをバックで支えているのも宇宙軍で、そのなかでも宇宙軍初代作戦部長ジョン・W・レイモンドは相当な力を有しているという。近年アメリカではUFO関係の情報開示が進んでおり、これに宇宙軍がどのように対応するべきかが一般マスコミでも大きな話題となっている。これについては米軍がディープ・ステートの策謀を真似て、「宇宙人による侵略」を世界的危機に仕立て上げようと考えているのではないかともいわれている。宇宙人との戦いに備えて世界各国が連携し、軍主導の世界政府を樹立しようというわけだ。

ともかく、米軍がディープ・ステートとの戦いの末に目指すものは「世界政府における地球防衛軍」になることだといわれる。地球防衛軍というと何やら漫画チックに聞こえるかもしれないが、いまも世界の約８００カ所に米軍の基地があるのだから決して無謀な話ではない。

米政府は「経費のかかる基地は軍隊をすべて引き払いたい」との考えだが、しかしそれだと基地関係者たちの多くが失業してしまう。よって米軍としては自分たちの生活のためにも、政府を超越する世界政府の樹立を狙っているのだ。

国家レベルではアメリカと対立している中国やロシア、イランなどにしても、軍人には軍人のネットワークがあり、各国軍同士で連携を取ることは決して非現実的なことではない。

将来、世界政府ができた時、世界大統領は誰になるかといえば、まずは米軍がバックアップしてきたドナルド・トランプが有力候補となるだろう。ただしトランプは「アメリカさえよければいい」という鎖国的な発想が強く、そうすると今後は別の候補が出てくることも考えられる。

「FRB」が抱えるアメリカの闇
FRB＝米中央銀行を支配するディープ・ステート

FRB消滅でディープ・ステートは破綻

「連邦準備制度理事会」と和訳される「ＦＲＢ」。ざっくりいうと日本の中央銀行である日本銀行と同様の役割を担う組織で、アメリカの主要都市にある連邦準備銀行を統括している。日本銀行との大きな違いは、米政府がＦＲＢの株式を所有していないこと。ＦＲＢの株は、連邦準備銀行が管轄する民間金融機関が出資して所有することになっている。

日本銀行は株式の55％を政府が所有していることから〝政府の子会社〟的な機関となっているが、ＦＲＢに関しては理事を選出する際の投票権を株主である民間金融機関が１票ずつ持っている。そこに食い込んでいるのがディープ・ステート系の金融機関であり、これがＦＲＢがディープ・ステートの所有物だといわれる由縁だ。

２０２３年度、ＦＲＢは１９１３年の設立以降で初めての赤字を計上する見通しだという。赤字額の見積もりはおよそ８００億ドルとされているが、実際の赤字額は１・３兆ドルにのぼるとの観測もある。こうした赤字の原因は、やはりディープ・ステートの衰退にある。

アメリカの債務はもはや数学的に回復不可能な領域に入っているという。２０２２年に金利を急激に引き上げたため、企業も庶民もローンの支払いが困難となってしまった。自動車ローンの不払いが雪だるま式に増えて、借金のカタに取った自動車を置く場所もない状態だという。

民間銀行の破綻も相次ぎ、今後リーマンショック以上の経済危機、世界恐慌が起こることも予測されている。金融のパワーによって世界の支配構造を築いてきたディープ・ステートにとってはまさに存亡の危機といえる状況であり、「2024年12月までにFRBが閉鎖される」との極端な予測もあながちデタラメとは言い切れない。

バイデン大統領が一時G7サミット参加の取りやめを検討したように、米政府の債務上限引き上げ問題はFRBやディープ・ステートが延命するための窮余《きゅうよ》の策であった。だがこれに関しても2025年1月1日までの上限停止という限定的なものだ。仮に今回は乗り切ったとしても、アメリカ＝ディープ・ステートの破綻がいよいよ現実味を帯びてきたことに違いはない。

米大手銀行バンク・オブ・アメリカの会長がCNNのインタビューに「我々はアメリカのデフォルトに備えている」と答え、ロスチャイルド&カンパニーがこのタイミングで非上場化したことは、インサイダーである彼らが「アメリカの倒産」の日が近いことを知っているからに違いない。そして、その影響はもちろん日本にまで及ぶことになる。

「CIA」が関わる世界の陰謀事件

非合法な工作活動も積極的に行う対外情報機関

日本の戦後体制は「CIA」が主導した

米中央情報局、通称「CIA」は、アメリカの対外情報機関である。2万人超の職員を抱える巨大組織で、監督省庁を持たず独立して任務を行っている。その予算は年間9兆円ともいわれ、これは日本の防衛予算をはるかに上回る。様々な技能に秀でた人材が集まっており、2013年に米国家安全保障局（NSA）が国際的監視網を敷いていることを告発したエドワード・スノーデンも、CIAにスカウトされて所属した経歴を持つ。

これほどの組織が2001年の9・11同時多発テロを見逃したというのは逆に不自然で、そのため「テロには米政府が関与している」「旅客機の操縦はCIAがテロ実行犯に指導した」「ワールドトレードセンターにCIAが爆薬を仕掛けた」など様々な憶測が飛び交うことにもなった。

一般にいわれるCIAの活動には以下のようなものがある。

「アメリカに友好的な政権を樹立するための援助」「アメリカに敵対する政権や左派政党の弱体化」「アメリカと友好的な国の軍隊の指導」「スパイの養成と協力者の獲得」「アメリカ

に友好的な国の政治家の育成」「米軍の戦闘地域での情報収集」「外国での情報収集、情報操作」「インターネット上での諜報活動と外国へのサイバー攻撃」……。

1970年代にはフォード大統領が暗殺禁止の大統領令を発出したこともあったが、現在では撤回され、近年もイスラム系テロ組織の要人暗殺がたびたび実行されている。

日本には戦後間もない1948年頃から進出しており、吉田茂首相の有力な後継候補で、当時の官房長官だった緒方竹虎を積極的に支援していたという。緒方が急逝したあとも自民党に政治資金を提供し、正力松太郎、岸信介、笹川良一、児玉誉士夫といった黒幕たちの援助を続けた。また旧統一教会に関しても、CIAによって創設されたことがアメリカの公文書に記されていて、日本の戦後体制の多くの部分がCIAの「策謀」によって作られたといっても過言ではない。

基本的には極秘で任務に当たるため、表立って「CIAの成果」とされる事例はあまり多くはない。だが、例えば2013年にウクライナの親ロシア派であるヤヌコビッチ政権が打倒された際も、裏ではCIAの工作活動があったといわれる。

世界各国に起きる様々な陰謀事件にCIAが関わっていることは間違いなく、そもそも「陰謀論」という言葉自体、CIAが自分たちの仕事を追求されないために陰謀論のレッテルを貼ってごまかしているのだともいわれている。

「タビストック研究所」の恐怖実験

洗脳による大衆心理の操作から殺人テロまで研究

「環境的社会的騒乱」を目的にビートルズを創造!?

「タビストック研究所」の発足は1922年。表向きには精神病理学や臨床心理学の非営利研究機関とされ、第一次世界大戦において砲弾を受け心理的に異常をきたしたイギリス軍兵士たちのために作られた。1947年にはロックフェラー財団の支援により、「タビストック人間関係研究所」としてロンドンで再編され、外交問題評議会やCIA（米中央情報局）、米空軍諜報部と協力関係にあるともいわれる。さらに、現在ではマイクロソフト、アップル、IBMなどの企業とも提携関係にあるとされる。

同研究所の真の目的は洗脳技術による大衆心理の操作や、特定の人物を洗脳して犯罪的行為を行わせる方法の確立にあると一部ではささやかれている。

第二次世界大戦時、タビストック研究所の研究員は軍隊に随伴。大量虐殺に対する群衆の反応を調査するため、米政府や英政府に働きかけて敵国の都市住宅地への空襲を行わせたという。

また、悪名高い「MKウルトラ計画」では、CIAとともに自白剤による尋問や超音波による記憶消去、幻覚剤の投与実験などが行われたとされる。

さらに、英諜報機関ＭＩ６（秘密情報部第6課）の将校だったジョン・コールマンによると、１９６０年代から80年代にかけて米英でヒットしたロックやポップスは、世界の若者をドラッグに走らせ、各国の秩序を崩壊させるためにタビストック研究所が計画したものだという。その最高の成果がビートルズだ。彼らの作品は大衆的な「環境的社会的騒乱」を創造するため、テオドール・アドルノという哲学者が科学的に計算して作ったものといわれている。

１９８０年12月に元ビートルズのジョン・レノンがマーク・チャップマンという男に殺害された。これについては、タビストック研究所の秘密を暴露しようとしたジョンが、同研究所に洗脳されたチャップマンによって暗殺されたという説がある。チャップマンはジョンを殺害した動機について「有名になりたくてレノンを殺した」と述べているが、この動機の軽薄さがかえって洗脳説に信憑性を与えている。

なお、チャップマンはジョンを銃撃したあと、逃げもせず犯行現場にたたずんでいた。「犯人として警察に捕まるように」と洗脳されていた可能性も指摘されている。

現在、我々が触れている音楽や映像、ゲーム、インターネットコンテンツなども、あるいはタビストック研究所の洗脳プログラムかもしれないのだ。

「スカル・アンド・ボーンズ」の正体
要人を輩出し続けるイェール大学公認の秘密結社

世界情勢を左右する資金力とコネクション

「スカル・アンド・ボーンズ（直訳で「頭蓋骨と骨」）」は、超名門校・米イェール大学の学生による大学公認の秘密結社であり、〝死の同胞団〟の異名を持つ。入会方法や活動内容は秘匿されているが、新入生のなかから15人が選出されることや会員名簿については明かされている。

会員やOBらは「ボーンズマン」と呼ばれ、ジョージ・W・ブッシュ元大統領とその父・ジョージ・H・W・ブッシュ元大統領、祖父のプレスコット・ブッシュなどブッシュ家の面々と、そのビジネスパートナーであるローランド・ハリマンなども一員だ。彼らボーンズマンたちの多くは卒業後、政財界や政府機関の要職に就いている。

1832年の発足時は、「エウロギア（神への賛美）クラブ」という名称で活動を開始。設立者の一人サミュエル・ラッセルはアヘン貿易で富を築いた人物であり、のちの会員であるプレスコット・ブッシュとローランド・ハリマンは自分たちの銀行を通じてナチスに資金援助を行った。

彼らはオカルトじみた儀式を重視し、古代ギリシアの政治家・デモステネスの紀元前の没年を紀元元年とする独自のカレンダーを使ったり、その没年と同じ「３２２」のナンバープレートを新入生に盗ませたりしたという。アパッチ族の英雄ジェロニモの墓を暴いて頭蓋骨を持ち帰ったという噂もある。

また、入会に際し、棺桶に入ったあとに結社の一員としてそこから再生するという象徴的な儀式や、初体験の告白と自慰行為の披露を強いられるという。ただし、実際に自慰行為を披露した者は入会できないようだ。

イェール大学構内にある彼らの本拠地「トゥーム（直訳で「納骨堂」）」は窓がほとんどない建物で、一説には「３２２号室」という神聖視された部屋の壁面にドイツ語で「乞食と王、果たしていずれが賢者か、いずれが愚者か」と彫られているとされる。

ボーンズマンたちは週に一度、このトゥームで親交を深めているというが、有力者の子弟が揃う集まりであるだけに、ここで培われたコネクションが世界情勢を左右することもあり得る。

なお、都市伝説レベルの話ではあるが、スカル・アンド・ボーンズがナチスの思想に影響を与えたドイツのオカルト結社トゥーレ協会へ資金援助していたという説や、ＣＩＡを設立したという説もある。いずれにせよ、ボーンズマンたちがそれを可能にする資金力や人脈を持っているのは確かだ。

「Qアノン」が生んだアメリカの分断
「トランプは世界を救う救世主」とする集団の正体

連邦議会議事堂襲撃事件にも多大な影響

アメリカを中心とした陰謀論集団「Qアノン」が世界的に信奉者を増やし続けている。「アメリカの政財界やメディアはディープ・ステートに牛耳られている」「世界は悪魔を崇拝する小児性愛者たちに支配されている」といった説を展開し、2021年にトランプ支持者らが連邦議会議事堂を襲撃した米国史に残る事件でも、Qアノンの思想が大きく影響したといわれている。

Qアノンは、「Q」という人物が2017年10月から英語圏の匿名掲示板で謎めいた投稿を始めたことをきっかけに誕生した。Qの投稿が「世界は悪魔を崇拝する小児性愛者によって支配されている」という内容に解釈され、そのなかに「トランプは世界を救う救世主で、闇の秘密組織と戦っている」といったものがあったことで、トランプ支持者とも結びついた。SNSでQの主張が拡散され、トランプ自身もQの投稿を拡散するに至り、アメリカのみならずQアノンは世界各地で急速に支持者を増やしていったのだ。

多くのジャーナリストらがQの正体を探り、最有力候補としてロン・ワトキンスという男性が浮かび上がった。ワトキンスは日本の匿名掲示板「2ちゃんねる」の元スタッフで、父のジム・ワトキンスとともに、Qが書き込んでいた匿名掲示板「8チャン」などの運営に携わっていた。ワトキンスは2015年頃から2021年まで札幌市に居住しており、Qアノンは日本から広がっていった可能性が浮上している。ジャーナリストらは、ワトキンス個人、もしくはジムと父子で、Qとして情報を発信していたとみており、ワトキンス本人は否定しているが、ほぼ間違いないというのが取材に携わった人たちの見立てだ。Qの正体を追ったアメリカのドキュメンタリー番組『Qアノンの正体』でも、ワトキンスと接触したうえで「ロン・ワトキンスがQである」と結論づけられている。同番組では、ワトキンスは高度なプログラミング技術を持っていると評された一方、ソープランドとアニメグッズ収集が趣味の30代の男と紹介され、ネット上ではQの正体が「冴えない中年男」であったことを揶揄する声も多く上がった。

しかし、「ワトキンス説」はフェイクであるとの情報も流れている。「Qは来るべき時が来るまで正体を隠すため、ワトキンスを身代わりにした」というのである。真の正体は、1999年に飛行機事故で亡くなったはずのジョン・F・ケネディ・ジュニアであり、トランプ支持者となった彼がQの正体だという説などが流れている。いずれにしても、いまだ謎が多い組織なのも事実で、Qを覆っていたベールは完全にはがされたとはいえないのだ。

「GAFAM」巨大テックの現在地
ディープ・ステートの世界戦略に加担

業績悪化で株価は下がり、巨大リストラも

インターネットは冷戦時代に「全面核戦争になった場合でも情報通信網を壊されずに連絡を取り合える仕組みを作ろう」ということで始まった分散型のネットワーク。そんな軍事目的のシステムを商用に転嫁することで、ディープ・ステートは巨万の富を手にし、情報戦にも活用した。だがその反面で、一般の人々もネットを利用して世界の裏側の真実を共有することにもなり、これによってディープ・ステートの発信する〝嘘〟が年々通じなくなっている。

世界有数のテック企業であるグーグル、アップル、フェイスブック（メタ）、アマゾン、マイクロソフトを総称して「GAFAM」というが、これら企業はいずれもディープ・ステートの世界戦略に加担してきた。

ディープ・ステートが起こした新型コロナウイルス騒動で、パンデミックを否定したり、ワクチンの効果を疑う情報は、ディープ・ステート系プラットフォームでは徹底的に排除された。

しかしパンデミックが〝不発〟に終わったことで潮目が変わった。イーロン・マスクがツイッター社を買収し情報規制をなくしたことで、グーグルやマイクロソフトの発信する情報に疑いを持つ人々が増えたのだ。

フェイスブックが社名を変更してまで入れ込んだメタのメタバース事業は開店休業状態で、評価額を3分の1以下にまで落としてしまった。会社存続のためにはフェイスブックとインスタグラム、メタをそれぞれ切り離すしかないとまでいわれている状況だ。

パンデミック時のインフラを担うはずだったアマゾンも、業績の悪化によってクラウドサービスや広告部門などを中心に3万人近いリストラ計画を発表している。これはアマゾンにかぎったことではなく、アメリカのテック大手では人員削減が2022年以来相次いでおり、2008年のリーマンショック以来の水準にまで悪化している。GAFAMのなかでも比較的マシといえるのはアップルぐらいのものだろう。

窮地にあるこれらの企業は今後、自動生成チャットサービスや大規模言語モデル、つまりは高性能AIを利用したチャットGPTのような分野への進出を目指している。

こうしたサービスは今後さらなる人気上昇が見込めるだけでなく、ディープ・ステートからするとこれまで以上に情報統制がやりやすくなるという利点がある。これらサービスを利用するに当たっては、常に〝洗脳〟の恐れがあることを肝に銘じておかなければならない。

「FSB」が支えてきたプーチン政権
自国民も恐れる治安機関として非合法工作にも従事

弱体化が危惧されるKGBの後継組織

2023年3月、「FSB（ロシア連邦保安庁）」の施設で火災が発生した。ロシアの反プーチン派パルチザン組織「ブラックブリッジ」はロシア製チャットツールの「テレグラム」に爆発炎上の様子を投稿して自らの犯行だとする声明を発表。FSBに対しては「好ましくない人物に対する刑事事件をでっち上げ、起業家から搾取し、民間人に対する破壊工作を行い、反対派を拷問して、物理的に排除している」と断罪した。この火災によってFSB職員の少なくとも4人が死亡、5人が負傷したと伝えられる。

ソ連時代、KGB（ソ連国家保安委員会）はソ連共産党と一体化して国家体制を支え、中国など共産主義国家の情報部を指導・支援して世界的に強い影響を与えてきた。

そんなKGBの後継組織であるFSBが、国内の反政府勢力に施設内で放火テロを許したことは、かつてない大失態だとされる。

2022年4月、英タイムズ紙は「プーチンがFSBの情報部員150名を追放した」と伝えた。これはプーチンがFSB長官を務めていた1998年に設置された第5局の職員たちで、この部局はウクライナなど旧ソ連の構成国をロシアの勢力圏に留める役割を担っていた。ウクライナ侵攻に際して嘘の情報を大統領府に伝えたことがプーチンの怒りを買ったという。

２０２１年10月には、ベルリンのロシア大使館前の路上で、建物の上階から転落したと思われるＦＳＢ諜報員の遺体が発見される事件もあった。

ロシアでは２００３年に治安当局と情報機関の大規模な組織改編が行われ、ＦＳＢやＳＶＲ（対外情報庁）の権限を拡大し、ＧＲＵ（連邦軍参謀本部情報総局）との連携を強めてきた。ＫＧＢ出身のプーチンも諜報活動の重要性を強調してきたなかでのこれら不祥事は、ロシアの国力低下を象徴している。

プーチン政権当初、ＦＳＢはソ連時代のＫＧＢよりも強力な諜報機関といわれ、放射性物質ポロニウム２１０による毒殺など暗殺の手口も多彩かつ斬新で、他国の諜報機関から一目置かれていた。２０１４年のクリミア半島併合でもＦＳＢは重要な役割を果たしたといわれる。

プーチンを支え続けてきた最強諜報機関の近年の失態は、組織内部の対立やディープ・ステートによる工作など、何かしらの重大な問題が発生しているからとされる。ＦＳＢの弱体化はプーチン政権の危機であり、その体制の立て直しが急務となっている。

「アゾフ大隊」＝ネオナチとするプーチン
「ウクライナのネオナチ」と名指しされる部隊の正体

自らネオナチを名乗った過去

ウクライナ国家警備隊に所属する通称「アゾフ大隊」。2014年の内乱において、国内の親ロシア派に対抗するため登場したのがその始まりで、ゼレンスキーの金庫番を務めるオリガルヒ（新興財閥）のイーホル・コロモイスキーから活動支援を受けている。

もともとはハルキウのサッカーチームを応援する熱狂的サポーターの集団だったが、それが民兵組織となり、2014年のドンバス戦争で戦功を挙げたことから正式に軍の所属となった。当初から政府軍と同じ装備であったことから、アゾフ大隊へは相当な援助があったとうかがえる。

「愛国」を強く主張していたことから極右勢力と目されているが、プーチンが演説の際に言う「ウクライナのネオナチ勢力」とは、このアゾフ大隊のことを指している。

実は2014年の発足当時、アゾフ大隊のメンバーたちは自らネオナチを名乗っており、これを非難する声が西側諸国から相次いだ。しかし、ウクライナ侵攻が始まって以降は、ウクライナ国内はもちろん、西側諸国からもアゾフ大隊への批判はぴたりとやんでいる。

アゾフ大隊は現状、国家親衛隊となっているが、その戦い方が非人道的であるとロシアのFSBの情報筋は伝える。アゾフ大隊はウクライナの一般市民を人質にしながら戦っているとされ、そのせいでウクライナ侵攻全般においてロシア軍が攻めあぐねているという。

以下はあくまでロシア側の主張だが、西側メディアの「ウクライナの学校や劇場がロシアに爆破された」「ロシア兵に子供が殺された」といった報道は、その多くが実際にはアゾフ大隊による破壊工作だという。またロシア側が民間人を逃がすための人道回廊を設けた時にも、それを止めようとしていたのはアゾフ大隊だとする。世界を反ロシア一色にするため、「ロシアが非人道的な攻撃をしている」というプロパガンダを行うことがアゾフ大隊の大きな役割というのだ。

ウクライナ侵攻前の2019年、アゾフ大隊の幹部が政権入りを目論んで総選挙に出馬したが落選。もしこの幹部が当選していれば、ウクライナは内部から「ネオナチ国家」となり、ディープ・ステートの影響が一層強まっていたとされる。プーチンは、ウクライナがネオナチ国家となる前に政府ごと一新する必要があると本気で考えているという。

ディープ・ステートとネオナチがどのように関連してくるのかは、本書「ネオナチ」の項に詳述したが、アゾフ大隊は悪魔崇拝のネオナチであり、いたずらに戦争を長引かせる要因の一つになっているというロシアの主張も全否定はできないだろう。

「中国共産党」誕生の裏にあった密約
ソ連支配を離れ米支援で「国共内戦」に勝利

あえて中国共産党に勝たせて東側陣営に組み入れ

「中国共産党」はコミンテルン（共産主義インターナショナル）の中国支部として、マルクス＝レーニン主義のもとに結成された。コミンテルンはユダヤ＝ディープ・ステートが世界支配の手段として作ったものであり、中国共産党はディープ・ステートの孫に当たる。

1921年7月に上海で開催された共産党創立大会に参加した党員はわずか57名だったという。当時の中国共産党は、ソビエト連邦の意向を中国内で実行するだけの組織だった。

1931年には、江西省の瑞金を首都とした「中華ソビエト共和国」が誕生。当初はソ連に加盟する国の一つという扱いだったが、日本の中国進出が始まったことで事情が異なってくる。中国共産党を率いる毛沢東は、「独立国である中華ソビエト共和国の代表として日本軍と戦う」と宣言したのだ。

この結果、中国共産党はコミンテルン＝ディープ・ステートの支配を離れることになる。その後は対日本というよりも、中国国民党との内戦（国共内戦）となり、これを通して毛沢東の支配体制は強固なものになっていった。

第二次世界大戦後も内戦は続き、共産党は劣勢にあった。だがハリー・トルーマン米大統領から直々に中国全権特使に任命されたジョージ・マーシャル元米陸軍参謀総長は、共産党が優勢になるように動く。

通商禁止措置を実施することで国民党に武器や弾薬が渡らないようにし、それでも国民党が有利な状況になれば、そのたびに蔣介石へ圧力をかけて停戦命令を出させた。１９４８年3月に米議会が国民党に対する経済支援を議決すると、これも同年11月まで実施を遅延させた。結局これらの施策により国民党は敗北。共産党はアメリカの側面支援によって勝利をものにした。

マーシャルが共産党に肩入れしたのは、ソ連とトルーマン米大統領の間に「第二次世界大戦後の世界を米ソで二分する」との密約があったからだ。国民党が勝利すれば東西の均衡が崩れると考え、あえて共産党に勝たせて東側に組み入れようと考えたのだ。なおトルーマンは広島・長崎への原爆投下を承認したディープ・ステート側の人間である。

こうして共産主義国家となった中国は、共産党の勝利に大きく関わったトルーマンが民主党であったことから民主党期のアメリカとは良好な関係を続けてきた。バイデン大統領になってその関係が崩れつつあるのは、アメリカの国力が落ちているためだという。

「中国秘密警察」の海外諜報の実態
海外在住中国人の監視と強制帰国が主目的

不法行為の拠点は世界53カ国102カ所

2022年12月、外務省は自民党外交部会などの合同会議において「中国の秘密警察の拠点が日本国内に少なくとも2カ所存在する可能性がある」と説明した。

もともとはスペインの人権監視団体が公表したもので、その報告書には「中国の警察当局は日本を含む欧米諸国など53カ国102カ所にその拠点を設置している可能性がある」とされていた。秘密警察を構成するのは福建省福州市・浙江省青田県・浙江省温州市・江蘇省南通市の公安当局といわれ、これらは伝統的に華僑の多い地域でもある。

中国側はこうした指摘について「秘密警察ではなく、あくまでも在外中国人への行政サービスのための部署だ」と説明するが、そうしたサービスを担当するのは在外公館の職務であり、いくら「国内サービスを行うだけ」と主張したところで、存在すること自体が国際法違反だ。

スペインの人権監視団体は秘密警察の役割を「海外在住の中国人を監視し、場合によっては強制帰国させるためのもの」と報告している。しかし実際にはそれだけでなく、諜報機関としての役割も有しているという。

日本では、この秘密警察の女性職員が自民党の現職議員と密接な関係を持ち、外交顧問兼外交秘書の肩書きで参議院会館へ自由に出入りしていたことが一部週刊誌に報じられた。

本来なら国家的問題とされるべき大スキャンダルだが、さほど騒ぎにならないのは同じように中国のハニートラップに引っ掛かっている人間が政界にもマスコミにも多数いるためとされる。

近年、中国内でスパイの嫌疑をかけられた外国人が拘束される事例が増えており、同じように日本国内にいる秘密警察がスパイを摘発し始める危惧もある。

中国の公的組織が日本国内で、日本人をスパイとして逮捕・拘束するなど本来あってはならないが、中国では自国の法律を域外適用できるとしている。もし中国当局からスパイ容疑をかけられ秘密警察に捕まれば、そのまま中国に連行され、二度と帰国できなくなるかもしれない。

不法な存在である中国秘密警察は日本国の権限によって早急に退去させなければならない。中国人職員の在留許可を取り消せば簡単にできそうなものだが、日本政府は中国との摩擦を恐れ実行できないでいる。

さらに普段は与党の失態に食ってかかる野党勢も、中国が関わる問題になると途端に親中派となり、沈黙を続けるのだ。

「悪魔崇拝者」が集うイルミナティ

世界の要人やエリートが信仰する古代の「悪魔教」

幼児保護法を悪用、親から子供を奪い儀式の生贄に

科学、政治、経済、芸能などの各分野から選りすぐりのエリートが集まる秘密結社「イルミナティ」は、古代の「悪魔教」を信仰し、堕天使ルシファーを崇拝するという。レディー・ガガはドキュメンタリー番組において「自分はイルミナティのメンバーで悪魔崇拝者だった」と告白している。ガガの奇抜な衣装やメイクはたしかに悪魔的ではある。

また2023年の第65回グラミー賞では「優秀ポップ・デュオ、グループ・パフォーマンス賞」を受賞したサム・スミスとキム・ペトラスが、悪魔崇拝儀式そのもののパフォーマンスを実行した。番組スポンサーはディープ・ステート傘下とされるファイザー社。キム・ペトラスはトランス女性でもあり、LGBTも社会秩序を壊して人類削減を目論む、悪魔崇拝から派生した思想だと一部でみなされている。

悪魔を象徴するハンドサインはいくつかあり、もっとも多く見られる「コルナ」は人差し指と小指を立て、他の3本の指はたたんだ状態にしたもの。立てた指は悪魔のツノを表す。OKマークを作りOの部分から片目を覗かせるのは「プロビデンスの目」を象徴したもの。

これらのハンドサインは芸能人だけでなく政治家も多用する。黒山羊の頭と黒い翼を持つ異教の神「バフォメット」の頭部と逆五芒星を組み合わせた図案も悪魔教崇拝者たちの間で広く用いられる。

イルミナティが信奉する悪魔教は、紀元前9世紀頃に北アフリカで繁栄したカルタゴなどの国から脈々と続いてきた古代宗教で、現在も悪魔的な儀式が続けられている。

ロックフェラー家をバックにつけたビル・クリントンは大統領時、幼児保護法に類する法案を通した。この法律は子供の保護を奨励するものだったが、実際にはこの法律を悪用して親から子供を奪う事例が横行した。虚偽の児童虐待を理由にしたり、偽の麻薬検査で両親を中毒者だと決めつけ、否定をしても「検査結果が出ている」「子供を育てる権利はない」と保護の名目で子供を奪っていった。こうして奪われた子供たちの多くが人身売買によって消息不明とされ、悪魔崇拝者が行う儀式の生贄にされたとみられる。イルミナティに集まったエスタブリッシュメントたちは、小児のエキスを摂取することが長寿の秘訣と信じているのだ。

ちなみに、悪名高いホロコーストやホロドモールも、悪魔への生贄儀式が元になっているという。また、ソ連崩壊後にロシアが採用した国章の中央には、白馬の騎士が爬虫類らしきものを踏み潰す図案が記されているが、これは悪魔教との戦いを示したものだといわれている。

「フリーメイソン」とユダヤ思想
陰謀論の主役となったユダヤ人エリートが操る秘密結社

欧米首脳クラスの〝世界的VIP〟が会員に

「フリーメイソン」は16世紀後半から17世紀に結成されたヨーロッパの石工組合が起源の慈善団体で、全世界の会員数は600万人以上。日本では在日外国人を含めて約1500人の会員が存在している。公式ホームページには、会の目的を「真理、道徳性、兄弟愛、そして慈善についての基礎的な教訓を学ぶ」ことと記している。ロッジと呼ばれる集会場では儀式や講義が行われ、入会の要件は「何かしらの信仰をはっきりと持つ男性」とされている。

ベンジャミン・フランクリンやジョージ・ワシントン、ダグラス・マッカーサーなどがフリーメイソンの会員として知られ、イギリスでは、ロイヤル・ファミリーの入会が伝統とされている。日本人では高須クリニックの高須克弥院長が会員であると公表している。

こうしてみるとまっとうな慈善団体以外の何ものでもないようだが、それでも「ユダヤ人エリートが操る秘密結社」といった陰謀論で語られるのは、歴史的な事情によるところが大きい。

中世ヨーロッパではカトリックが支配的であり、ユダヤなどの異教徒たちが表立って宗教活動を行うことは困難で、異教徒たちが信仰を続けるための秘密結社がいくつも作られた。

そして石工の職能団体だったフリーメイソンでも、いつしかユダヤなどの異教徒が増えていったとされる。職能団体という性質上、会員たちの技術を外部に漏らさないという秘匿性を有していたことは、フリーメイソンに神秘性を与えることとなった。

様々な噂と現実が入り混じったことで実態がわかりづらくなっている面は大きいが、では実際のところフリーメイソンは陰謀論といっさい関係のない団体なのか。

中世ヨーロッパの知識人の間では、ユダヤ教の伝統に基づいた終末論などの神秘主義思想「カバラ」が流行していた事実があり、そうした思想がフリーメイソンに引き継がれている可能性があるという。また1920年代には「ユダヤ秘密政府の幹部が世界支配のための方法を会議で報告した」とする『シオン賢者の議定書』の流行もあって、フリーメイソンに参加した一部の人々がこうした考えに染まっていったともされる。

伝統的な秘密結社に息づく〝ユダヤ思想〟と欧米首脳クラスの〝世界的VIP〟たちがフリーメイソンという組織においてクロスしたことは事実である。そのVIPたちの一部が先鋭化し、陰謀論的な支配政策に手を染めたことも皆無ではないだろう。だからこそフリーメイソンは陰謀論の主役として長らく語られ続けているのである。

第五章

世紀の「大陰謀」の衝撃真実

「人類削減計画」の感染症兵器
有色人種を大幅削減したい白人エリート層の優生学思想

「武漢ウイルス研究所」の研究資金の出所は米政府

欧米のエリート層が「人類削減計画」を企てているという陰謀説は決して荒唐無稽なものではない。例えば、1915年、鉄道王であるハリマン家の夫人を議長として開催されたシンポジウムでは、白人を優生人種（より優れた人種）とみなしたうえで、それ以外の人口を削減する計画が議題となった。会議ではパンデミックを引き起こすウイルスを開発することで意見が一致。その3年後にスペイン風邪のパンデミックにより、全世界で5000万～1億人が死亡している。

ハリマン家は1932年には国際優生学会議を開催。この会議には、兵器産業で財を成したデュポン家の夫人や、石油、製薬、鉱業、食品分野の多国籍企業の代表者が出席したほか、進化論で知られるチャールズ・ダーウィンの息子も参加。のちにヒトラーのユダヤ人虐殺を理論面から支持した人類遺伝学者エルンスト・ルーディン博士が、優生学国際連盟の代表として選出された。

感染症によって人口を削減しようとする勢力は、各地の感染症研究所を経済的に支援しているといわれている。その一つとされる「米陸軍感染症医学研究所（USAMRIID）」では、保管していた炭疽《たんそ》菌が2001年に職員の手によってテロに使用され5人が死亡している。

また、イギリスの「国防省微生物研究所（ポートンダウン研究所）」の炭疽菌は1970年代末、南ローデシア（現・ジンバブエ）において、白人政権が現地人に対して生物兵器として使用したとみられている。この時は1万人が症状を発症した。なお、同研究所ではオウム真理教事件や金正男《キムジョンナム》暗殺で知られるVXガスを1952年に開発しており、人体実験も行っている。

その他にも、高致死率の病原体を開発する研究所は数多くあり、アメリカのコールド・スプリングハーバー研究所（CSHL）もその一つだ。この研究所は優生学研究で知られるカーネギー財団研究所などを前身として設立され、一説には、ここで開発されたサプリメントを牛に摂取させたことで、BSE（狂牛病＝牛海綿状脳症）が発生したといわれている。

さらに、最近では新型コロナウイルスの震源地である中国・武漢にある「武漢ウイルス研究所（WIV）」が注目を集めている。同研究所は10年以上、コウモリを宿主とするコロナウイルスを研究していたことから、新型コロナウイルスがここで発生して外部に流出したという説がある。しかし、実のところ同研究所の資金は米政府から出ていたことが明らかになっている。

最初に中国で新型コロナウイルスの患者が現れたことは、欧米の白人エリートたちが中国人を大幅に〝削減〟したかったことを示しているともされる。

「シオン賢者の議定書」の真意
世界中でユダヤ人差別に利用された〝偽書〟

ユダヤ人が「家畜＝非ユダヤ人」を支配する方法

「シオン賢者の議定書（以下、議定書）」とは、ユダヤ人が世界を支配する方法を記したものであり、1897年にスイス・バーゼルで開かれた「第1回シオニスト会議」の席上で発表されたシオン24人の長老による決議文の形を取っている。だが、結論を言うとこれは紛れもない〝偽書〟だ。

議定書について最初に言及されたのは1903年。ロシアの新聞で連載されたあとに出版され、欧米だけでなく南米やアラブ世界などでユダヤ人差別に利用された。自動車王ヘンリー・フォードが議定書をうのみにして新聞に記事を連載し、その連載内容を本にまとめたものをナチスの宣伝大臣ヨーゼフ・ゲッベルスが絶賛したという話もある。

そのように、反ユダヤ主義者は自分たちのユダヤ人差別を正当化するため、議定書を大いに悪用した。これがホロコーストを引き起こした一因になったといってもいいだろう。

議定書には「ゴイム（家畜たち）」と呼ぶ非ユダヤ人を支配する方法が記され、具体的には、経済による支配、スパイによる法律の無効化、大衆をスポーツ・セックス・スクリーン（映画）に耽溺《たんでき》させる「3S政策」による愚民化、メディア支配、政治的な対立を煽る、民衆の扇動、インテリ層の洗脳、戦争を利用して不当な憲法を成立させる、ユダヤ人による情報の検閲、検閲をカムフラージュするためのメディアによるユダヤ人への攻撃、政治に失望させる、世界各地で同時に革命を起こさせる、ロボットのような人間を作るための大学教育、監視社会の確立……など多岐にわたる方法が説かれている。

これらの〝支配する方法〟は、支配階級たちが大衆に対して昔からやっていることであり、信憑性があると感じる人もいるだろう。だが、支配階級たちが大衆の怒りの矛先をユダヤ人へと逸らすために利用したものと考えるべきではないか？　そう考えると、ヘンリー・フォードが議定書に注目したのもうなずける。

議定書は日本でも早い時期にその存在が知られていたが、もともとユダヤ人差別がない地域であるため、政府や軍部は「それほどの力を持つユダヤ人を取り込めないか」という発想を持った。そして、「河豚《ふぐ》計画」と通称される計画において、ヨーロッパでの迫害を逃れたユダヤ人を満州国（当時の日本の傀儡《かいらい》国家）へ招き入れて自治区を建設することを目指したのである。だが結果的に、反ユダヤを掲げるナチス・ドイツとの同盟に伴い、その計画は雲散霧消した。

「ハルマゲドン」とディープ・ステート
神を代行して「世界最終戦争」実現を目指す狂信者たち

全面核戦争後、メシアに選ばれた者は復活する

21世紀に入り、長年ディープ・ステートのトップに君臨していたデイヴィッド・ロックフェラーの影響力は高齢化に伴い低下。ディープ・ステートは大きく2つのグループに分かれていった。

一つは「地球温暖化派」。アル・ゴアとその周辺のグループは、世界規模の危機として気候変動の脅威を煽り続け、世界が協力してこれに対応していこうというストーリーを作った。もう一つは「ハルマゲドン派」で、9・11をきっかけに世界中で戦争を起こそうとした。しかし通常兵器による戦争ではさほど人が死なない。そこでパンデミックを持ち出したが、こちらもうまくいかなかった。そのため次に打つ手に窮《きゅう》しているというのがハルマゲドン派の現状だ。

とはいえハルマゲドン派は第三次世界大戦を起こすことを諦めてはいない。「ロシアとの全面戦争」の計画は不発に終わりそうだが、次に狙っているのが「中国との全面戦争」。しかしこれについてはヨーロッパ勢が乗り気ではなく、アメリカと中国のタイマンとなった時

にはアメリカが勝てるとはかぎらない。それでもいろいろと火種をばら撒きながら、中国との開戦のチャンスをうかがっているのだという。

米政府の官僚たちが「新型コロナは中国の武漢ウイルス研究所から流出した可能性が高い」とさかんに発信するのもそうした戦略の一つ。反中の世論を煽ると同時に台湾問題を持ち出しながら中国を挑発している。

一般に「ハルマゲドン」といえば新約聖書・ヨハネ黙示録に記された「神が悪魔と戦って究極的に勝利を収める場所」から転じた「世界最終戦争」を意味する。しかし悪魔崇拝のディープ・ステートにおいては少々異なり、「最終戦争のあとに、メシアに選ばれた者だけが復活する」というのが基本的な受け止め方だ。ディープ・ステートでもとくに狂信的なグループは「神様がいたらこんなにひどい世の中のわけがない」「よって神様はいない」「選ばれた民である自分たちこそが神なのだ」という考えから、神を代行して最終戦争を起こそうとしているのだという。

常人にはとても理解しがたい話だが、キリスト教でも極端な原理主義者になると「キリストが2000年前に『いまこの人たちが生きている間に私は戻ります』と言ったのだから、その時の人たちはいまも生きている」と信じ、2000歳以上の人間の存在を信じている。それが悪魔教の信者ともなれば、我々の常識が通じるはずはない。「ハルマゲドン後も生き残る」と信じる人間たちは、いまこの瞬間も「地球規模の全面核戦争を起こそう」と企んでいる。

「世界統一政府」とディープ・ステート

国家を解体し〝民族〟による世界全体の支配を目指す

他民族を淘汰選別して、自分たちだけの世界を作る

２０１８年9月、トランプ米大統領（当時）は中間選挙に臨む共和党候補の応援において「選挙で選ばれてもいないディープ・ステートの活動家たちが自らの秘密の課題を推進するために有権者に逆らうことは、民主主義そのものにとってまったく脅威である」とスピーチした。これ以来、ディープ・ステートという言葉が周知されるようになる。

ディープ・ステートという名称は、多くの場合「政府を操る闇の勢力」の意味で使われるが、ではその実態はどういうものなのかといえば、人によって捉え方が異なる。特定の人物や組織の名前を示す場合もあれば、「なんとなく悪い連中」というぐらいの認識の人も多いだろう。

広く捉えるならば「ディープ・ステートとはアシュケナージ系ユダヤ人による戦いと支配の歴史そのもの」と言えるだろう。

有史以来、常に人類は争ってきた。勝利のために武力に頼る者もいれば、経済による支配を試みる者もいた。この時、繰り返し起こった国家間の戦争が表の歴史だ。その一方で国家

を持たないアシュケナージ系ユダヤ人たちは〝民族〟としての生き残りを懸けて力を蓄え、国家による政治とは別の形で支配を広げていった。これがディープ・ステートと呼ばれるものの正体だ。

そのなかにはロックフェラー家やロスチャイルド家もいれば、イルミナティやフリーメイソンといった秘密結社などの様々な形態が存在する。同じ民族として協力することもありながら、決して一枚岩というわけでもない。

彼らにとって国家とは頼るものではなく、自分たちの手で支配するもので、国家を解体した先の最終形態が「〝民族〟による世界全体の支配」。つまり「世界統一政府」の樹立である。

世界全体を支配するには「世界全体をよくしたい」と考える良心的な方法と「他の民族を淘汰選別して、自分たちのためだけの世界を作る」という方法が考えられる。

やっかいなのはディープ・ステートと呼ばれる勢力が後者であり、「自作自演でハルマゲドンを起こし、人類を削減して地球の資源や食料を自分たちだけのものにする」という考えを持っていることだ。

一方、ディープ・ステートのなかでも、古代から続く王族・貴族たちは「世界全体をよくする」という穏健な形で「世界共和国」の設立を目指しているという。

両者はいまもせめぎ合いの最中にあり、どちらが勝つかで地球の将来が決まることになる。

「人間牧場」と優生学思想の関係
欧米の上流階級に根づく人種差別の本音

一部の人種は殺すよりも奴隷として残す

アドルフ・ヒトラーは自著『我が闘争』のなかで「アーリア人以外の民族を家畜にしたあとにみんな殺して優秀な民族だけを残す」との論を展開した。きわめて非人道的な暴論だが、実はこのような考え方は欧米の上流階級の人間たちにとって珍しいものではない。「優れた人種とそうでない人種がいる」というヒトラー的な優生学思想は、白人やユダヤ人のエスタブリッシュメントたちに染みついている。「自分たちが世界でいちばん強くて偉いから、他の人間はどんな扱いをしてもかまわない」との本音を抱えているからこそ、それを表に出さないように「ジェンダー平等」「人種差別撤廃」などのポリコレで自分自身を縛っているのだ。

ユダヤ系フランス人の経済学者ジャック・アタリは1990年代に「将来的には人口削減の方法を見つけることが課題になる」「露骨に処刑することはできないが、パンデミックなどを人工的に起こし、救いを求めて集まった愚か者たちを治療と称して殺せばいい」という主旨の論文を発表している。そんな人物が「欧州を代表する知性」と賞賛されるのが欧米社会の真実だ。

だからといって自分たち以外のすべてを殺してしまえば労働の負担が増えてしまう。そこで「一部の人種は殺すよりも奴隷として残してやろう」というのが「人間牧場」の発想である。

彼らが本当に「人間牧場」を目指した時、勤勉で技術力の高い日本人は「家畜として生き残らせる価値がある」と考えられているという。決してバカにして言っているのではなく、本気でそう考えているのだ。

ニクソン政権とフォード政権で国務長官などを歴任したディープ・ステートの重鎮ヘンリー・キッシンジャーも、かつて共和党大会において「将来一般人が我々に歯向かうのは、羊が農家に歯向かうのと同じぐらい不可能なことになる」と話したことがあり、ディープ・ステートは常にそういったことを考えているのだ。ちなみにこのキッシンジャーは、ベトナム戦争での和平交渉の成功を理由にノーベル平和賞を受賞している。

ダーウィンの進化論も、一部白人社会の思想に影響を与えた。

進化論に従えば「神様はいない」ということになる。そして「神様がいないのならば、罰せられることはないし地獄もないのだから何をやってもいい」と、ある種の開き直りをし、「自分たちだけがいい思いをすることを考えよう」「そのためなら他人を殺したり奴隷にしてもかまわない」となる。一神教を信仰してきたからこそ、逆にこうした思考が生まれてしまうのだ。

「ケネディ暗殺事件」の黒幕はカストロ
CIAのカストロ暗殺の先手を打ってキューバの独裁者が指令

1963年11月22日（日本時間23日）、第35代米大統領のジョン・F・ケネディがダラスでの自動車パレード中に暗殺された。事件の調査委員会は、元海兵隊員のリー・ハーヴェイ・オズワルドが現場近くの倉庫ビルからケネディを狙撃したと断定。だが、オズワルドはケネディの背後に位置するビルから銃撃したとされているのに、撃たれたケネディは後ろにのけぞっており、大きな矛盾があった。オズワルドは逮捕直後に「ハメられた」と叫び、その2日後にナイトクラブオーナーのジャック・ルビーによって警察署内で射殺された。薬物中毒だったルビーはまともな供述のないまま病気で急死し、その後もオズワルドの単独犯行とは思えない数々の謎が明らかになったことで、現在に至るまで「ケネディ暗殺事件」は世界最大のミステリーとなっている。

事件の黒幕をめぐって当初有力視されたのは、アメリカの軍産複合体。莫大な利益をもたらしていたベトナム戦争からの早期撤退を進める大統領を消したという説だ。また、事件後に大統領にスピード就任したリンドン・ジョンソン副大統領による工作説、CIAの反ケネディ派の犯行といった説も浮上したが、いずれも決定的な証拠はなかった。最有力だった軍産複合体説については、ケネディのベトナム戦争をめぐる政策は複雑な駆け引きのうえでの判断で、軍産複合体とも利害関係を築いていたため、暗殺事件に発展する可能性は薄く、現在はほぼ否定されている。

近年、徐々に情報公開が進んだことで黒幕の可能性が高まったのが、当時キューバの独裁者だったフィデル・カストロだ。ケネディ政権下の1961年、アメリカがカストロ政権の転覆を狙ってキューバに侵攻した「ピッグス湾事件」が起きた。作戦は失敗に終わり、キューバがソ連との関係を深めたことで「キューバ危機」へと発展した。キューバを危険視したCIAはカストロ暗殺を画策するが、これを察知したカストロは「アメリカの指導者が私を消そうとするなら、彼も安全ではなくなる。我が国の能力なら暗殺は可能だ」と周囲に話していたという。

新たな情報公開によって、オズワルドは事件の2カ月前、メキシコにあるソ連とキューバの大使館を訪れたことが判明。キューバ大使館でケネディ暗殺に言及していたとFBIの報告書に記されている。キューバやソ連の関与が公になればアメリカの世論が報復に傾いて核戦争の危機に陥るため、ジョンソン政権がオズワルドにすべて押しつけたというのだ。

最大のキーマンであるカストロは2016年に死去しているが、アメリカ側の情報公開は進んでおり、ケネディ暗殺の真相が解き明かされる日は確実に近づいているといえるだろう。

「アポロ11号月面着陸」嘘の隠蔽
“月に行ってない”ことを隠すための「アルテミス計画」

国家の威信にかけて中国より先に月に立つ

1969年7月、NASA（アメリカ航空宇宙局）は「アポロ11号月面着陸」を成功させ、ニール・アームストロング船長が人類で初めて月面に降り立った。月面に第一歩を刻む場面はテレビで生中継され、月に星条旗が立てられた映像は、ベトナム戦争の泥沼化やキューバのカストロ政権転覆失敗で苦汁をなめ続けていたアメリカの威信回復に大きく作用した。

しかし、この月面着陸は「嘘だった」という説が根強くある。その根拠としては「真空であるはずの月面で星条旗がはためいている」「月面で撮影した写真に星が写っていない」「写真内の影の方向がバラバラで、光源が複数ある場所での撮影が疑われる」などといった不審点が挙げられ、地球上のスタジオで秘密裏に撮影されたとの疑惑が噴出した。

写真や映像の問題に加え、「嘘だった」論の最大の根拠となったのが、「アポロ計画」を最後に人類が月へ行かなくなったことだ。技術は進歩したのに、長年にわたってNASAは地球軌道より外へ人類を送り込むことはしなかった。つまり、当時もいまもNASAに月面着陸を成功させる技術はなく、宇宙開発戦争における優位性を示すために「捏造した」というわけだ。

月面着陸の不審な点については世界中で論争が繰り広げられ、捏造説を科学的に否定した例も多く存在する。その一方、ロシアの国営宇宙企業「ロスコスモス」の元社長でロシア連邦政府副首相を務めたこともあるドミトリー・ロゴージンは2023年5月、通信アプリ上で「アメリカが1960年代の技術で、現在でも難しい月面着陸に成功したとは信じられない」と発言。約4年間にわたるロスコスモス在籍中、NASAが有人月面着陸に成功した証拠を職員たちに探させたが、確かなものは見つからなかったという。

現在、NASAは2025年までに再び人類を月面に送り込む「アルテミス計画」を進めているが、なぜアポロ計画終了から50年以上も経ってから急にまた月面を目指すのか。これに対しては「アポロ計画の嘘を隠蔽するため」との見方が浮上している。アメリカと並ぶ大国となった中国が急速に宇宙開発を進め、有人月探査の条件をクリアした宇宙船の製造に成功し、近い将来に有人月面着陸を実現させると息巻いている。もし中国の宇宙飛行士が月面に降り立ったらアポロ計画の嘘が明るみに出るかもしれず、アメリカは国家の威信にかけて中国より先に月面へ向かい、過去の月面着陸の痕跡を「捏造」しなくてはならないというのだ。いずれにしても、アメリカが唐突に月面着陸に意欲をみせているのは不可解で、今後も疑惑がつきまとうことになるだろう。

「ダイアナ元英皇太子妃事故死」の黒幕

「暗殺の黒幕は英王室」「実行犯はMI6」証言の信憑性

ダイアナ元妃自身が死の2年前に「暗殺」を予言

2023年5月、イギリスのウェストミンスター寺院でチャールズ国王の戴冠式が行われ、世界的な注目を集めた。チャールズ国王誕生とともにカミラ夫人が王妃となったが、多くの国民がSNSなどで「クイーン・ダイアナを見たかった」と嘆いた。「ダイアナ元英皇太子妃死亡事故」から四半世紀、いまだに英国民たちから「私たちのクイーン」として敬愛を集めている。

1997年8月、フランス・パリでダイアナ元妃と当時の恋人だったドディ・アルファイドが同乗していた車が事故を起こした。パパラッチの追跡を振り切るために運転手が猛スピードで走り、ハンドル操作を誤ったとされ、車はトンネルの中央分離帯に激突。ドディと運転手は即死し、事故直後は息があったダイアナ元妃も意識を取り戻すことなく病院で死亡が確認された。この事故をめぐっては、長年にわたって陰謀説がささやかれてきた。運転手が飲酒運転の基準の3倍となるアルコールを摂取していたことや、目撃者から「不規則な運転をするフィアットが元妃の乗った車の走行を妨害していた」との証言があるなど、不審な点が続々と見つかったためだ。

さらに、ダイアナ元妃が自身の「暗殺」を予言していたことがわかった。死の2年前、ダイアナ元妃は顧問弁護士だったヴィクター・ミシュコンに「信頼できる筋」からの情報として、「近いうちに私は殺されるか、重傷を負わされる」と相談し、その方法は「ブレーキに細工されるなど、何らかの自動車事故」であると断言した。ミシュコンは相談内容をメモし、それを当時のロンドン警視庁長官に渡したが、本気にされなかった。2022年、ダイアナ元妃の死の謎を追ったドキュメンタリー映画でメモの存在が明らかになり、暗殺説の信憑性が高まった。

現在、黒幕の最有力候補と見られているのは英国王室だ。事故当時のダイアナ元妃は妊娠していたとされ、子の父親はイスラム教徒であるドディとみられる。英国王はキリスト教の一派「英国国教会」の首長という立場にあるが、もしドディとの間に子供が生まれたら、ダイアナ元妃の息子で王位継承権のあるウイリアム王子（現・皇太子）やヘンリー王子とイスラム教徒が兄弟ということになる。この事態を避けるべく、王室上層部の指示で、英秘密情報部（ＭＩ６）がダイアナ元妃を暗殺したというのだ。事実、ＭＩ６の元スパイがフランス当局に提出した供述書で「アラブ人との結婚を恐れる王室トップの命令でＭＩ６が彼女を殺した」と証言している。

真相を知るであろうエリザベス女王が他界したいま、実行犯を含めた新たな証言者が今後現れる可能性はより高くなったと、英国内ではささやかれているという。

「日航機123便墜落事故」撃墜説
「自衛隊機による誤射」隠蔽のため乗客は見殺しに!?

異常に遅れた自衛隊による墜落現場の特定

１９８５年8月12日の18時12分、日本航空１２３便が羽田空港から伊丹空港を目指して離陸した。十数分後に「ドーン」という音とともに異常が発生し、制御不能となった機体は18時56分、群馬県多野郡上野村の高天原山の尾根（御巣鷹の尾根）に墜落した。

乗客乗員５２４人のうち５２０人が死亡し、犠牲者には歌手の坂本九さん、当時の阪神タイガース球団社長の中埜肇さん、元宝塚歌劇団の北原遥子さんら著名人も含まれていた。

その後の運輸省の調査によって、事故原因は同機体が過去に尻もち事故を起こした際に破損した圧力隔壁の修理で、ボーイング社にミスがあったことが発端とされた。強度が落ちていた圧力隔壁が飛行中に破損し、その圧力で尾翼の一部が吹き飛び、油圧装置も破壊されたことで操縦不能に陥ったとされた。しかし、この調査結果には多くの疑問の声が寄せられた。

代表的な疑問が「消えた霧」問題だ。圧力隔壁が破損した場合、急減圧によって機内に濃い霧が充満することが過去の航空事故でも共通して起きているが、１２３便では数少ない生存者で当時アシスタントパーサーだった女性が「薄い霧が出たが数秒で消えた」と証言している。

この女性は「墜落後、しばらく周りで何人もの息遣いが聞こえ、『おかあさーん』と叫んでいる男の子もいた」とし、墜落直後に多くの生存者がいたとも証言している。しかし、公式の事故調査報告では「救出された4名以外は即死もしくはそれに近い状況であった」とされた。

実は、墜落から20分ほどあとに米軍機が現場を確認しており、救助活動に入ろうとしていた。だがなぜか直前に作戦中止命令が出され、米軍機は引き返した。当然、米軍は政府や自衛隊に詳細を通報したはずだが、自衛隊が墜落現場を特定したのは翌朝だった。

様々な陰謀説が流れるなか、ボイスレコーダーに記録された海上自衛隊出身の機長の「オレンジエア」という言葉が注目された。これは誘導ミサイルや無人標的機を意味する海自の隠語とされ、最初に墜落現場を発見した米軍がミサイルの誤射などで123便を撃墜したとの説が流れた。だが近年、自衛隊のファントム2機が墜落前の123便を追尾していたとの複数の証言があったことがわかり、事故原因が「自衛隊機による誤射」である可能性が浮上した。不可思議な点のある事故原因の調査報告や、自衛隊による墜落現場の特定が異常に遅れたことも、すべて「自衛隊の不祥事を隠蔽するためだった」と考えれば合点がいく。520名の尊い命を奪った未曽有の航空事故の真相は、国家による隠蔽という厚いベールに包まれている。

「9・11米同時多発テロ」とブッシュ家

「テロとの戦い」で〝死の商人〟を潤わせるための陰謀

戦争をするための「新たな敵」を作る必要

2001年9月11日、アメリカで史上最悪の同時多発テロが起きた。イスラム過激派テロ組織アルカイダによって乗っ取られた旅客機4機がニューヨークの高層ビルや首都ワシントン郊外の国防総省などに突っ込み、3000人近い死者を出す大惨事となった。

テロへの怒りが世界的に充満した一方、この事件は「米政府が仕組んだ」とする陰謀説が根強く存在する。「世界貿易センターのツインタワーは飛行機が突っ込んでも崩壊しない」「ビルの崩れ方が物理法則に反している」などの疑問点が次々と指摘されたためだ。

公式にはアルカイダの指導者ウサマ・ビン・ラディンが「9・11」の黒幕とされているが、テロは飛行機によるものではなく、アメリカによる爆破やミサイル攻撃であったとする「自作事件」を疑う声が噴出した。「自作自演」ではなくとも、米政府がアルカイダによるテロを事前に知りながら「見逃した」とする説も有力視されている。

「自作事件」や「見逃し」といった説における黒幕は、当時の米大統領ジョージ・W・ブッシュと軍産複合体だ。ブッシュ家はジョージ・H・W・ブッシュ（父）の代から、軍産複合体からの莫大な資金援助を受けていたとされる。ブッシュ（子）政権の維持にも軍産複合体のサポートは不可欠で、当時の政権は彼らに牛耳られていたともいえる。

ブッシュは軍産複合体を潤わせるべく、戦争をするための「新たな敵」を作る必要があった。これにかぎらず、アメリカは戦争を繰り返すことで経済を立て直してきたという歴史がある。ブッシュ政権は同時多発テロを自作自演あるいは見逃し、国民に向けて「テロとの戦い」を掲げ、その後のアフガニスタンやイラクへの侵攻を正当化させたとの見方がある。

実はブッシュ一族はビン・ラディン一族と長年のビジネスパートナーの関係にあり、ブッシュ家が1970年代に石油・ガス採掘会社を設立した時、ビン・ラディンの兄が共同出資者となっていた。兵器事業でも繋がりがあり、これによって得た莫大な資金と軍産複合体の援助によって、ブッシュ（父）は大統領にまで上り詰めた。そうした関係上、ブッシュ（子）は事前にテロを知り得る立場にあったとの指摘があり、第一報を受けてから予定をキャンセルするまでの初動の不自然な遅さは「わざとだった」と疑う声もある。

ディープ・ステートの存在がより周知されたいまとなっては、ブッシュ家が「死の商人」を潤わせるために罪のない多くの人々を犠牲にしたという説も、信じるに値する説となっている。

「エプスタイン事件」と悪魔崇拝者
各界のVIPに小児買春を斡旋し、小児を生贄にする儀式

エプスタインの逮捕後の「自殺は他殺」とする証言

2023年5月、グーグルの共同創業者であるラリー・ペイジが姿をくらました。「エプスタイン事件」の捜査で当局が召喚を試みていた最中のことだった。

事件の張本人とされるジェフリー・エプスタインは2019年にニューヨークの留置場で首を吊って自死している。ヘッジファンドで巨万の富を得たエプスタインは、所有する米領ヴァージン諸島のリトル・セント・ジェームズ島と他3カ所の別荘で頻繁に児童買春を行っていたとの容疑をかけられて逮捕、拘留されていた。

エプスタインの交友関係にはビル・ゲイツ、ルパート・マードック、トニー・ブレア、マイケル・ジャクソンといった著名人を含む各界のVIPが名を連ね、彼らに対してエプスタインが小児買春を斡旋していたのではないか、というのがエプスタイン事件の本筋だ。

エプスタインはケネディ家、ロックフェラー家、ロスチャイルド家などディープ・ステート系の一族とも交流を持っており、そのため彼の別荘で行われていたのはただの買春行為ではなく、小児を生贄にした「悪魔崇拝者の儀式」を行っていたのではないかともいわれる。

リトル・セント・ジェームズ島での犯罪行為に関連して逮捕されたのはエプスタイン本人と過去の交際相手だけ。関わりがあるとされるビル・ゲイツは離婚し、アンドルー英王子は伯位を剥奪されたが、事件の余波はその程度。悪魔崇拝者の勢力はエプスタイン亡きあとも、彼らの望むままに小児を殺したり犯したりしている可能性もあるのだ。

同じくこの事件で名前の挙がったJPモルガン・チェース（銀行持ち株会社）のジェイミー・ダイモンCEOは「銀行がエプスタインと何らかのビジネス関係を持ったことは残念だ」と話したが、自身の関与は否定。だがその後、同社が権利を持つ貨物船から20トンものコカインが押収され、もしもこれがエスプタイン事件と関連していたとなれば、さらに大きな問題となる。

エスプタインの検死を担当した法医学者は「他殺を示す証拠がある」と発表しており、死の真相や名前の挙がった各界のVIPと事件の関わりなど、いまだに解明されていない点は多い。

また、ユダヤ系のエプスタインがモサドの工作員であったとの情報もある。「子供を斡旋しますから」といってディープ・ステートに接近して、その情報を集めていたというのだ。事件が全容解明に至らずとも「買春島」の存在が明らかになったことで、エプスタインはその役目を果たしたのかもしれない。

本書は2023年7月に小社より刊行した単行本
『ついにわかった！ 世界の黒幕 その最終真実』
を改訂・改題し、文庫化したものです。

宝島
SUGOI
文庫

「もしトラ」で蠢く世界の黒幕

（「もしとら」でうごめくせかいのくろまく）

2024年9月18日　第1刷発行

著　者　ウマヅラビデオ+コヤッキースタジオ+世界ミステリーch ほか

発行人　関川 誠
発行所　株式会社 宝島社
〒102-8388　東京都千代田区一番町25番地
電話：営業 03(3234)4621／編集 03(3239)0928
https://tkj.jp
印刷・製本　株式会社広済堂ネクスト

Printed in Japan
First published 2023 by Takarajimasha, Inc.
ISBN 978-4-299-05958-1